直播电商的逻辑

楚燕来
薛元昊
杨　静
———
编
著

中信出版集团 | 北京

图书在版编目（CIP）数据

直播电商的逻辑 / 楚燕来，薛元昊，杨静编著 . --
北京：中信出版社，2022.3（2022.6重印）
ISBN 978-7-5217-3981-7

Ⅰ.①直… Ⅱ.①楚… ②薛… ③杨… Ⅲ.①网络营
销—研究 Ⅳ.① F713.365.2

中国版本图书馆 CIP 数据核字（2022）第 022920 号

直播电商的逻辑
编著者： 楚燕来　薛元昊　杨静
出版发行：中信出版集团股份有限公司
（北京市朝阳区惠新东街甲 4 号富盛大厦 2 座　邮编　100029）
承印者：嘉业印刷（天津）有限公司

开本：880mm×1230mm　1/32　印张：8　　　字数：165 千字
版次：2022 年 3 月第 1 版　　印次：2022 年 6 月第 3 次印刷
书号：ISBN 978-7-5217-3981-7
定价：59.00 元

主　编

楚燕来　薛元昊　杨　静

编　委

陈　妃　楚燕来　李洪昌　李梦宸

李　晛　刘宏举　王继杰　薛元昊

杨　静　尹睿智

（主编及编委名字均按姓氏拼音排序）

第一章
直播电商的前世今生

第二章
直播电商的平台格局

第三章
直播电商的互动逻辑

第四章
直播间的欢笑与泪水

第五章
直播电商的供应链

第六章
直播电商的社会影响

第七章
直播电商生态中的估值与并购

第八章
未来展望

推荐序一

此书可以帮助所有人理解直播电商的本质。

作为一个年近花甲的 60 后，我至今还没有淘宝和京东账号，一直远离线上购物，对直播电商的了解更是几乎为零。之前每次听说直播电商，总令我联想起三十多年前在北美留学时，房东老太太有时收看电视上的购物频道，我当时感觉那是最好的催眠方式。近来常听说直播电商流行，让我感觉落后于时代，很难想象什么人会有大把时间去观看直播带货，无法理解其价值何在。从这个意义上讲，我给这本书作序是最不称职的。然而，这本书从根本上颠覆了我对直播电商的认知，它的兴盛是有原因的，确实值得关注、研究和参与。既然这本书能帮助我认识直播电商，应该也能帮到所有的人。

直播电商是个近年涌现出来的新生事物，不仅我本人，社会各界普遍对它缺乏了解，严谨的学术研究更是稀缺，因此这本书填补了一个空白。这样一个快速兴起的万亿规模产业，又对经济和社会有如此广泛深刻的影响，确实需要理论解释。我理解书名中的"逻辑"二字指现象背后的解释，亦即理论分析。

因此书名的含义是直播电商的分析与解释，包括对这个现象及其本质的描述（What），为什么会有爆发式的成长（Why），以及怎样才能更好地持续性发展（How）。

编作者团队中既有包括我同事楚燕来博士这样有良好学术训练的学者，也有直接参与直播电商的实务界专家，他们用大量数据和严谨的理论分析解答了一系列重要且有趣的问题。例如，短视频和直播电商为何偏好竖屏？书中给出的解释是，从视觉动力和操作便利的人因工程角度分析，竖屏更合理；更重要的是，核心内容（主播及其介绍的商品）在竖屏状态下更加聚焦且显示比例更大，因而传播效果最佳。这本书的第四章更是使用一手大样本数据，用实证分析说明消费者参与直播电商的主要原因，包括低价、满足社交需求和产品品牌等影响因素。

总体而言，这本书不仅全面介绍了直播电商这个新生事物，包括其演变过程、竞争格局、社会意义、众多参与方以及发展趋势等方方面面，更重要的是揭示了现象背后的驱动因素，并给出理论分析以及可以指导实践的解释和预测。这是这本书的最大亮点和最有价值的地方，也是最值得阅读的原因，因为它比通常媒体报道和行业分析要更加深刻，能够让读者透过现象看到本质。正如社会心理学家莱温（Lewin）所言，"好理论最实用"（"There is nothing so practical as a good theory"）。

为什么直播电商会快速崛起，五年之内形成万亿规模？历史上的每一轮科技革命都会伴随相应的产业革命，以及对应的生产与流通方式的改变，以移动互联网为代表的新兴数字技术的蓬勃发展也不例外。中国社会已经全面进入移动互联网时代，这个新媒介为信息的生产、加工和传播提供了更便捷的方式，商业应用必然是一马当先。智能手机和 4G 网络的普及直接催生了短视频内容平台和网络直播平台，活跃用户人数和平均每天使用时长不断增加（已达 100 分钟左右），进而在 2016 年延伸出"边看边买"的直播电商。传统电商的增速下降再加上 2020 年初以来的新冠疫情影响共同促成直播电商的爆发式成长。

这本书梳理出直播电商快速兴起的五个主要原因，从微观到中观和宏观三个层面。第一，相较于基于图文模式的传统货架式电商，视频（富媒体）直播更高效，内容更丰富，形式更多样，可以更加充分地表达商品的内容、材质、功效和包装等特征。正如传播学理论家麦克卢汉（McLuhan）所言"媒介即内容"（"The medium is the message"），更先进的媒介必然会带来更新颖的商业模式，一定会有富有创新精神的企业家让它发生。第二，主播的"人设"，包括个人背景、才艺禀赋和语言风格等，创造了更好的消费体验，主播与粉丝之间的信任降低了交易成本。第三，直播电商压缩了渠道中介，因而往往能够给出较低价格。第四，直播电商平台依靠大数据和人工智能技术可以精准地匹配直播内容和用户，促进了用户的点击、观看、停留时长和购买行为。最后是人口结构和行为偏好的变化，80 后、90 后甚至 00 后已经成为消费主力军，他们作为互联网的原住民，一切消费始于线上，因而易于接受新购物模式，为直播电商提供了广大受众群体。

然而，直播电商并没有改变人、货、场匹配的零售基本逻辑。只不过消费者的商品搜索变成了追随特定主播，根据主播推荐完成购买，对主播的信任降低了直播间转换的难度。直播间的受众有三个来源，分别是主播自有的粉丝、平台推荐算法自动匹配的观众，以及通过流量投放获得的观众。推荐算法按照用户特征、直播间 / 主播特征，以及商品特征的关联，精准推送用户感兴趣的直播和商品。

　　直播电商是否会昙花一现，还是会成为一种可持续成长的主要零售模式？你如果也有这个疑虑，这本书有基于理论分析的明确答案和三种解释：直播电商这一创新商业模式有其独特的价值和长期存在的意义。首先，由于直播电商在传统电商之外增加了"独特的媒体属性和社交属性，可以被理解为电商与直播媒体和社交网络的跨界融合"，进而提升了商品信息的展示效果和传播效率，促进购买行为。其次，这本书引用神经学研究成果，指出人脑自带社交功能，这一功能对人类的生存和发展有重要作用。从消费者角度来看，"人是社会动物"，而直播电商可以满足人的"社交需求"这一底层需求。直播电商的"交互式"信息传播，包括主播的分享式试用，与受众间的实时、多样和立体交流和反馈，为受众带来的亲切感也创造了"社会临场感"。再次，直播电商是全新的匹配与创造用户需求方式。传统货架式电商的用户大多有明确的购物目标，基于"人找货"的搜索逻辑。但人的需求并非总是明确的，尤其是当物质消费具有一定的情感和精神价值的时候，直播电商提供了一个在"逛"的过程中产生新需要的机会，平台将匹配用户的货呈现在眼前。因此，直播电商本质上是"货找人"的一个实现方式，具有创造需求的能力，主播推荐成了算法推荐之外的新模式。因此，直播电商是个必然，应该大有可为。

如何衡量直播效果，判断直播是否成功？这应该是品牌商（厂商）最关心的问题之一。作者通过严谨的实证数据分析发现，与没有开通直播的品牌商相比，开通的品牌商的销售量和销售额有显著增长，尤其是直播当天，尽管销售额增幅较小，主要是由于打折和卖出了更多低价商品。因此，结论是，直播的广告效果明显，"头部主播的直播效果最好，店家自播效果其次，一般的达人主播效果一般"；直播效果主要取决于主播与品牌商的匹配。这些严谨的实证数据分析结论有重要实践指导价值，尤其是对于品牌商而言。

直播电商适合哪些商品？这个问题涉及如何从直播电商中受益，以及如何参与，是所有参与方都关注的问题。这本书也给出了明确答案和理论解释，一定不是所有商品都适用，而是有个合理匹配。首先，直播电商特别适合线上静态展示难以让消费者做出品质判断，因而信任成本极高的商品，例如珠宝玉石品类。直播可以提高交易过程的知识性、趣味性和信任。此外，决策路径短、决策成本低的商品便于在直播间快速成交，尤其是单价在50元以下的商品。再有，真人演示和互动能提高消费者购买欲望的品类，包括美妆护肤品和食品类，主播展示使用方法和效果对转化率特别有帮助。非标或高复购的商品，例如服饰品类，能够成为直播上架数量最多的品类,因为这些商品既有前面提到的属性,又可以支撑主播频繁开播、持续更新。

直播电商对国家、企业和产业,以及个人有什么样的影响?从社会角度来看,这本书用理论分析和典型案例说明,直播电商降低了传统零售商品覆盖市场的成本,拓宽了我国商品谱系,缩短了新产品在市场上的普及速度,有利于新产品的诞生,增加了国家的商品竞争力。从货找人的角度看,约五亿的广大乡村用户也可以第一时间接受和大城市的人群同样的新品推荐。对个人而言,直播电商赋予了主播和受众更多的自主权,和低成本才智变现的机会。然而,直播带货的门槛虽然不高,但专业性却不低,确实需要慎入。

这本书对品牌商自播的优势有深入全面的说明。除了可以避免大量佣金外流和需求难以预测、价格体系难以控制等难题,自有主播对产品更熟悉,因而可以提供更加专业的解说,还能将粉丝沉淀为自有资源。当前传统企业的数字化转型正在提速,2021年12月中央经济工作会议公报特别提到"加快数字化改造,促进传统产业升级",渠道线上化是数字化转型的最重要维度之一。因此,所有生产C端产品的商家都应该熟悉直播电商的本质和适用性,做出理性选择和决策。

第七章对直播电商产业生态和估值的理论分析非常深刻,投资机构和有研究兴趣的读者应该特别感兴趣。作者认为直播电商模式本质上是缩短了厂商与消费者之间的距离,建立了一种立体的产业协作模式,因而需要新的价值分析框架。传统电商并未改变从厂商到消费者间的一维链条，但直播电商把原先有时序的每个环节的工作通过相互协同并行完成，扩展为"二维"的组织形式。这种组织形式可以看作企业的升级版，如果"企业是人与人之间相互协作的集合，直播电商就是良好分工的企业间的协作的集合"，彼此间的交易成本可能更低，信息更容易获取。这样的二维商业模式有传统一维模式所不具备的三个能力。第一是通过"双11"等全民参与的活动，形成超大规模营销和调动全社会消费积极性的能力；第二是通过主播和算法的发力，形成多渠道和高频曝光，在短时间内打造爆款产品的能力；第三是通过社交互动发掘消费者内心的细微想法，创造需求的能力。当然，直播电商带来的冲动型消费和相对高的退货率也是值得关注的问题。

直播电商的未来前景如何，有哪些趋势？作为一个快速成长的新生事物，直播电商还在动态演化过程中。这本书用大量数据说明主播间存在巨大的马太效应，即强者愈强、弱者愈弱的两极分化、赢者通吃现象。头部主播一场带货数以亿元计，但大量主播受众寥寥，销量无几，71%的主播月薪在万元以下。头部主播可能有数百人的幕后团队，尾部主播只能单打独斗。作者的调研发现56%的主播带货金额为零，70%的直播场次没有直接产生订单。这本书明确指出，"一个高度头部化的市场难以成为一个有效的市场"，对于中小商家极为不利，最终会拖累整个行业。此外，直播电商中存在大量的投机行为，包括大量主播刷单和欺骗商家，使得诚信经营的主播业绩趋于零，结果是劣币驱除良币。因此，这本书建议直播电商平台和社会监管机构担负起更多责任，严厉打击各种作弊行为，并且给尾部新网红上升的通道。

总之，这是本名副其实的书，深入、系统地分析了直播电商这一数字经济中涌现出来的新颖而有趣的现象的本质，既有现象描述，又有数据分析和理论解释。希望有更多的人读到此书，从中受益，进而做出更理性而有利的决策。

毛基业

中国人民大学商学院原院长，管理科学与工程系教授

推荐序二

过去几年，在电商行业风起云涌的发展历程中，直播电商无疑是最令人惊艳的一匹黑马。短短几年时间，直播电商从一种局部的创新探索，迅速演变成了席卷整个电商领域的模式革新，吸引了电商平台、内容平台、社交平台等各类平台玩家，以及数百万主播和数亿消费者的热情参与，缔造了数万亿的产业，形成了国民级的社会现象，一时间可谓百花齐放、热闹非凡。

作为直播电商大潮的参与者和实践者，我有幸亲历了行业的爆发式发展，在享受行业红利的同时，我也在不断地思考一些问题：为什么会出现直播电商这个"物种"？为什么直播电商能有这么快的发展速度？为什么与电商毫不相关的短视频和直播平台能成为直播电商的主力军？直播电商售卖的商品和传统电商有何本质区别？直播电商的生命力有多久？未来会如何演变？……

值得庆幸的是，我所关心的问题，很多都在这本书中得到了深刻而有趣的回应：这本书的第一章回顾了直播电商的发展历程，并从微观、中观、宏观三个层面分析了驱动直播电商发展的关键因素，进而总结了直播电商的产业链格局，很好地说明了直播电商的来龙去脉以及发展现状；第二章聚焦在直播电商平台角度，分析了主流平台间的竞争格局，并从产品、算法、用户、主播、商品、商业模式等多个维度对各个平台进行了对比，也说明了电商、内容、社交三类平台切入直播电商的不同逻辑和优势、劣势；第三章独辟蹊径，从直播电商所附着的媒介的角度出发，探讨了竖屏带来的更强的交互效果，以及这种强交互对于电商成交的巨大促进作用，尝试从个体知觉的底层原理回答直播电商为何转化效率高的问题；第四章聚焦于主播和消费者群体，基于大量的调研和严谨的统计分析，刻画了这两个群体的特征，甚至还对比了"快手老铁"和"大众消费者"的异同，数据翔实、结论有趣；第五章聚焦于供给侧，分析了直播电商给商家带来了哪些新机会，也冷静剖析了直播电商给供应链带来的新挑战，总结出了适合直播电商的商品特征，以及直播电商供应链的多种解决模式；第六章着眼于社会层面，分析了直播电商对于个体才智的展现和变现、群体信任的建立、商品谱系的拓宽等方面的积极作用，也点明了当前直播电商存在的马太效应、劣币驱除良币等社会问题；第七章从资本市场的视角出发，分析了直播电商所带来的"二维"（面状）商业组织形式与传统"一维"（线状）产业链的不同之处，并基于此讨论了不同的估值模型、并购模式的适用程度，以及境内监管对于类似案例的审核重点；基于前七章的分析，第八章从行业整体、供应链、主播、服务商、资本、新交互形态等视角出发，对直播电商行业的未来发展趋势进行了展望。

这本书视角多样、内容丰满，通篇阅读下来，让我这个直播电商的深度从业者都有很多启发和收获。我认为，这本书能有这样的效果，离不开背景多样的作者们，他们有的来自直播电商从业的第一线（薛元昊博士、李洪昌博士、王继杰、陈妃），有的来自学术界（楚燕来博士、杨静博士、刘宏举博士），有的来自金融和咨询机构（李睨博士、尹睿智、李梦宸）。正是因为这样的跨界组合，才使得很多思考能够跳脱出原有的经验框架，形成新的观点和洞察。

当然，从一个产业的生命周期来看，直播电商还处在相对早期的阶段，还在不断的发展、变化的过程中，因此，这本书今天形成的观点也不见得恒久正确。但这丝毫不会影响这本书的价值，因为真理越辩越明，相信这本书的很多探讨对于从事和关心直播电商行业的人来说，能够带来很多启发和借鉴。

王玉林

魔筷科技创始人

2022 年 2 月 5 日于杭州

第一章

直播电商的前世今生

作为一个诞生仅 5 年的行业，直播电商毫无疑问正在以惊人的速度发展，2020 年其整体规模已经超过 1.2 万亿元，2021 年有望突破 2 万亿元，已经成为零售电商的重要组成部分，得到了全社会的广泛关注。那么我们不禁要问：为什么直播电商拥有如此旺盛的生命力？推动这个行业快速增长的因素是什么？直播电商行业是否能够长期保持这样的增长势头？

为了回答这些问题，我们将在本章首先带领大家回顾直播电商的发展历程，看看在这 5 年中发生了哪些关键事件；其次，从微观、中观、宏观三个层面来提炼和分析驱动直播电商行业快速增长的关键因素，并探讨这些因素间的相互关系；最后，从产业链的视角来展现直播电商行业的不同角色及其发展趋势。希望通过这样的分析和讨论，给大家提供一个关于直播电商行业的概览，帮助大家对该行业初步形成一个全局性的认识，也为后续章节中更深度的分析做好铺垫。

直播电商简史：5 年成长为万亿级产业

风起于青萍之末：直播电商的起源

2016 年前后，随着智能手机和 4G 的普及，以及手机直播技术的完善，市场上瞬间涌现了 300 多家网络直播平台，加上资本的疯狂补贴、媒体的大肆宣扬，移动直播用户数突飞猛进，一时间形成了"千播大战"的局面。当时吸引各方眼球的是变现速度更快的娱乐直播和游戏直播，蘑菇街则率先看到了"直播 + 电商"的机会，于 2016 年 3 月上线了直播电商功能；随后，淘宝也迅速跟进，在 2016 年 5 月上线了淘宝直播。至此，"直播电商"成为一种新的电商模式，开始在各大电商平台上孕育、发芽和生长。

然而，彼时的直播电商更像是对传统电商的补充，其作用只能算是锦上添花而非雪中送炭，虽然交易规模逐年扩大，但其并未"出圈"，也没有引起广泛的社会关注。

与此同时，成立于 2011 年的快手作为一个短视频内容平台，在大众视线之外迅速积累自己的用户，继 2015 年 6 月总用户量突破 1 亿之后，其用户规模如滚雪球一般迅速增长，到 2016 年 2 月其用户规模已经达到 3 亿人。此外，快手还在短视频的基础上增加了直播功能。快手上的主播和内容创作者在通过用户打赏获取收入的同时，开始尝试通过直播带货实现变现。快手的百度搜索指数变化，如图 1–1 所示。

2018 年 11 月 6 日，快手某知名主播开启了一场 24 小时的直播带货活动，直播间最高同时在线人数超过 100 万，当日累计完

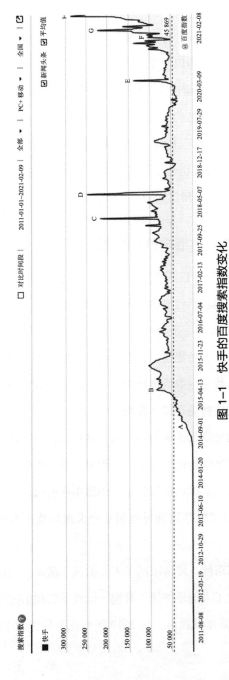

搜索指数 @

2011-01-01~2021-02-09 | 全部 ▼ | PC+移动 ▼ | 全国 ▼ | 🖉

□ 对比时间段 |

回 新闻头条 ☑ 平均值

■ 快手

300 000

250 000

200 000

150 000

100 000

50 000

45 869

@百度指数

2011-08-08　2012-03-19　2012-10-29　2013-06-10　2014-01-20　2014-09-01　2015-04-13　2015-11-23　2016-07-04　2017-02-13　2017-09-25　2018-05-07　2018-12-17　2019-07-29　2020-03-09　2021-02-08

图 1-1　快手的百度搜索指数变化

图片来源：百度指数

成了 1.6 亿元的交易额，这场直播带货活动瞬间引爆了整个行业，媒体报道纷至沓来。作为以娱乐和内容为主的平台，快手算是电商行业的"外来者"，然而快手主播这种"不务正业"的直播卖货活动竟然产生了如此之高的流量关注和如此之强的交易转化，这让人们见识了"老铁经济"的威力，也使得快手电商一战成名。

至此，"直播电商"再也不是传统电商平台的专利，正式完成了"出圈"，成了大众津津乐道的热点话题。

猝不及防的风口：直播电商的崛起

2019 年，继淘宝、快手之后，京东、拼多多等电商平台，以及抖音、微视等内容平台也相继拥抱直播电商，甚至连一贯克制的微信也加入了行列。平台密集的扶持加上主播的个人魅力，让直播电商爆发了巨大的能量，造就了数十位单场销售额过亿元的头部主播，以及数百位单场销售额过千万元的主播，而单场过百万元、十万元的主播更是数不胜数。

一时间，直播电商成了新的行业风口和热门的国民话题，如图 1-2 所示，而直播购物也变成了一种潮流趋势，吸引了不同年龄、性别、区域的数亿国民参与其中，如图 1-3 所示。

2020 年突如其来的新冠肺炎疫情也极大地加速了直播电商的爆发式增长。

一方面，在需求侧，疫情限制了人们的线下活动，宅在家里看直播和短视频成了人们最便捷、有趣、低成本的娱乐方式。从 QuestMobile 的数据可以看出，与 2019 年相比，尽管 2020 年短

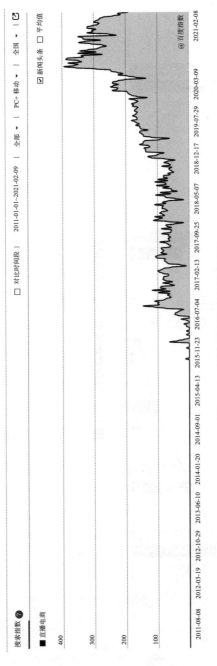

图1-2　直播电商的百度搜索指数

图片来源：百度指数

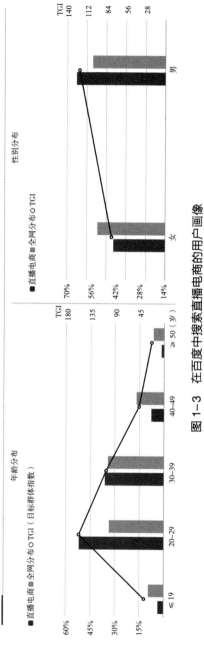

图 1-3 在百度中搜索直播电商的用户画像

图片来源：百度指数

视频的整体月活跃用户规模（MAU）仅增长了 6%，达到 8.72 亿人，但使用时长增长了 40%，达到 42.6 小时/（人·月），即 85 分钟/（人·天），如图 1-4 所示。根据快手 2021 年 6 月的报告，用户平均日观看时长为 99 分钟。尤其在直播领域，以抖音、快手为代表的头部平台，观看直播的用户已经分别占到了总用户的 84.5% 和 83.8%，如图 1-5 所示，平台在加强用户黏性的同

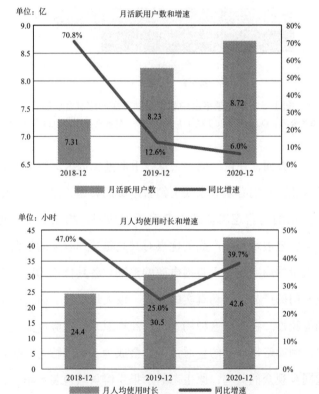

图 1-4　2018—2020 年短视频行业用户规模和行为变化

图片来源：QuestMobile TRUTH 中国移动互联网数据库，2020 年 12 月

时，也进一步强化了用户"边看边买"的直播购物习惯，让"看着不错，顺便买了"代替了"有目的的搜索、比价、购买"，成为一种新的消费心态和购物逻辑。

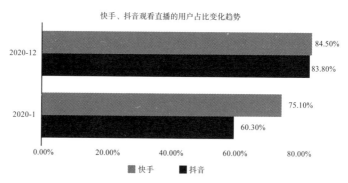

快手、抖音观看直播的用户占比变化趋势

图 1-5 短视频平台中观看直播的用户比例逐步提升
图片来源：QuestMobile TRUTH 中国移动互联网数据库，2020 年 12 月

另一方面，在供给侧，大量线下的商家因人流骤减而无法正常营业，它们必须寻求线上销售的破局转型。然而传统电商平台复杂的运营逻辑让线下商家难以应对，相比之下，通过直播真实地展示自家产品的优点对其则是更加容易的运营方式，于是大量的商家也涌入直播电商的浪潮。各具特色的商家人设、五花八门的产品、生动真实的表达，极大地提升了商品的丰富度和趣味性。在直播这种场景下，商家原来的劣势可能会变成优势，例如略带口音的普通话可能会成为主播的特色，甚至能引起同乡观众的共鸣；原生态的水果生鲜虽然包装不精美，却处处透着自然；缺乏技巧的讲解和产品展现，反而会增强用户的信任，激发其更强的购买和分享意愿……

众人拾柴火焰高：直播电商的爆发

在疫情阴霾的笼罩之下，直播电商似乎成了为数不多能够刺激消费、拉动生产的秘密武器，不仅中小商家竞相加入，甚至格力集团董事长董明珠、携程创始人梁建章、网易创始人丁磊、小米创始人雷军等一众知名企业家也披挂上阵，纷纷通过直播的形式推销自家商品，他们通过个人直播，或与网红主播合作方式参与其中，都交出了十分亮眼的成绩单。

其中，董明珠在 2020 年 5 月 10 日与快手知名主播联合进行了 3 个小时的直播，累计观看人数超过 1 600 万，最高同时在线 100 万人，创造了 3.1 亿元的交易额，相当于格力网店一年的销售额总和。之后，董明珠越战越勇，在 2020 年全年共进行了 13 场直播，累计带货 476 亿元，而整个王府井集团 66 家大型门店在 2019 年的总销售额仅为 352 亿元——直播电商的威力可见一斑。

直播电商的巨大威力也吸引了国家领导人的密切关注。2019 年 11 月 14 日，李克强总理在江西省景德镇陶溪川文创街区考察期间，走入了传统手作达人"花一朵"的直播间，并通过直播与网友亲切互动。2020 年 4 月 20 日，习近平总书记来到陕西省柞水县金米村调研脱贫攻坚情况，并与该村的电商主播李旭瑛亲切交谈，鼓励他们道："电商，在农副产品的推销方面是非常重要的，是大有可为的。"[1]

---

[1] 央视网评：疫情防控常态化下的电商大有前途.（2020-04-23）. https://baijiahao.baidu.com/s?id=1664689175931047751&wfr=spider&for=pc.

一石激起千层浪，国家领导人的关注和重视给原本已经蓬勃发展的直播电商行业增添了巨大的信心，释放了非常积极的信号。《人民日报》也发表公开评论，肯定了直播带货在激活消费和促进经济转型方面的积极作用，如图1-6所示；就连平时一本正经的央视主持人也做起了带货主播，形成一道靓丽的风景线。于是，各地政府也相继行动起来，众多省长、市长、县长、镇长等也走到直播台前，为家乡代言、带货，进一步提升了全社会对直播电商的关注。

 人民网 >> 云南频道 >> 梅里时评

"直播带货"创新消费方式（人民时评）

孔方斌

2020年04月22日08:29 来源：人民网-人民日报

分享到

原标题："直播带货"创新消费方式（人民时评）

　　线上新型消费方式不断涌现，在一定程度上弥补了线下消费的不足，起到了扩内需、促消费的作用

　　把复工复产与扩大内需结合起来，把被抑制、被冻结的消费释放出来，把在疫情防控中催生的新型消费、升级消费培育壮大起来，使实物消费和服务消费得到回补

图1-6　人民网为直播电商加油鼓劲

边鼓励，边规范：直播电商进入监管时代

　　在直播电商蓬勃发展的同时，各地政府也在加紧制定各种政策，以支持直播电商人才培养和产业发展，如表1-1所示。其中，

广州市和杭州市的政策可谓走在前列，力度之大、规格之高，前所未有。

表 1-1 2020 年主要城市直播电商政策汇总

出台日期	地区	政策名称	政策目标
2020 年 3 月	广州市	《广州市直播电商发展行动方案（2020—2022 年）》	打造全国著名直播电商之都
2020 年 3 月	上海市	《上海市促进在线新经济发展行动方案（2020—2022 年）》	打造具有国际影响力、国内领先的在线新经济发展高地
2020 年 4 月	四川省	《品质川货直播电商网络流量新高地行动计划（2020—2022 年）》	打造全国知名区域直播电商网络流量中心
2020 年 5 月	青岛市	《青岛市直播电商发展行动方案（2020—2022 年）》	打造中国北方直播电商领先城市
2020 年 5 月	重庆市	《重庆市加快发展直播带货行动计划》	打造直播应用之都、创新之城
2020 年 5 月	济南市	《大力发展电商经济打造直播经济总部基地的实施方案》	打造全国著名的直播经济总部基地
2020 年 6 月	广州花都区	《广州市花都区扶持直播电商发展办法（2020—2022 年）》	打造在国内有影响力的直播电商基地
2020 年 6 月	杭州余杭区	12 条直播电商支持政策	打造直播经济第一区
2020 年 6 月	义乌市	《义乌市加快直播电商发展行动方案》	成为全国知名的网红产品营销中心、网红达人"双创"中心、网红直播供应链主体集聚中心

注：根据公开资料整理

广州市于 2020 年 3 月率先出台了《广州市直播电商发展行动方案（2020—2022 年）》，提出了推进实施直播电商催化实体经济"爆款"工程，即"个十百千万"工程："构建 1 批直播电商产业集聚区、扶持 10 家具有示范带动作用的头部直播机构、培育100家有影响力的MCN① 机构、孵化1 000个网红品牌（企业名牌、产地品牌、产品品牌、新品等）、培训10 000名带货达人（带货网红、'网红老板娘'等），将广州打造为全国著名的直播电商之都。"2020年9月，在原有政策基础上，广州市又重磅推出五大方面11条直播电商政策，对于总部、头部直播电商企业的最高奖励可达5 000万元。

杭州市于2020年7月出台《关于加快杭州市直播电商经济发展的若干意见》，其中提到："到2022年，全市实现直播电商成交额10 000亿元，对消费增长年贡献率达到20%。培育和引进100个头部直播电商MCN机构，建设100个直播电商园区（基地），挖掘1 000个直播电商品牌（打卡地），推动100名头部主播落户杭州，培育10 000名直播达人。"杭州市余杭区则提出打造"直播经济第一区"的战略目标，并针对直播电商人才认定制定了专门的政策，对具有行业引领力和影响力的直播电商人才最高可认定为"国家级领军人才"，给予了直播电商从业者史无前例的鼓励和尊重。

野蛮生长的行业往往伴随着野蛮生长的挑战，这是商业社会的规律，直播电商自然也是如此。在参差不齐的从业者快速涌入直播领域后，商品的货不对板、主播的夸大宣传、销售过程中的套路、售后服务的滞后等问题逐渐显露出来，甚至连头部主播都接连出现"翻车"状况，快速行进的"直播电商列车"亟需行业标准和规范为之保驾护航。

---

① MCN，即多频道网络，常指一种新的网红经济运作模式。——编者注

2020年6月17日，在杭州举办的"直播电商行业治理论坛"上，浙江省网商协会率先发布了《直播电子商务服务规范（征求意见稿）》（以下简称《规范》），这也是全国首个直播电商行业规范标准。《规范》主要从平台、主播、商家、消费4个维度提出了规范标准，旨在通过加强行业治理体系和制度规范建设，把行业的规范管理与促进发展有机融合起来，逐步形成政府管理、行业自律、商家自治、社会监督的多元共治格局。

之后，从中央到地方相继出台了十余份重要文件，进一步规范直播电商行为、明确红线边界、优化行业秩序，避免劣币驱逐良币。至此，一直因无序发展而备受诟病的直播电商行业开始进入监管时代。逐步完善的监管制度虽然会给直播电商从业者带来一些约束，但同时也带来了秩序，提升了门槛，将"劣币"挡在门外，让"良币"更能凸显价值，是全行业健康、长期发展的必由之路。

从配角变主角：直播电商成为万亿级产业

据艾瑞咨询统计，2015—2020年短短5年时间，中国直播电商行业从无到有，迅速成长为一个万亿级的产业：2017年规模达到168亿元，2018年首次突破1 000亿元，2019年突破4 100亿元，2020年突破12 000亿元。未来几年，直播电商行业仍将保持高速增长，预计到2025年将达到64 000亿元的规模，占整个电商行业的比重也将达到近24%，如图1–7所示。

直播电商无疑已经从锦上添花的配角成为雪中送炭的主角，

成为整个电商行业的中流砥柱。

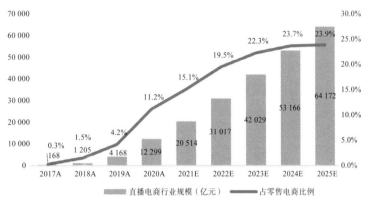

图 1-7　中国直播电商行业规模预测
数据来源：艾瑞咨询

直播电商是粉丝经济的延伸

尽管直播电商自身仅有 5 年的发展历史，但我们如果把它纳入中国互联网经济 20 多年的发展脉络就会发现，今天的直播电商仍然是"粉丝经济"的延伸。

从 20 世纪 90 年代开始，中国的互联网经历了网络论坛、社交媒体、移动自媒体、移动视频和直播等多个阶段，其间也相应地涌现了一批又一批的网络红人和意见领袖，他们因为各种专长吸引了大量的粉丝关注，并通过出书、代言、广告、带货等多种形式实现了商业变现。而且，由于技术的发展，媒体所承载的内容日渐丰富、交互性日渐提升，使得今天网红的影响力大大加强，进而具备了更加强劲的商业变现能力。

不难想象，在社会分工日益细化、价值观日益多元化的今天，会有更多细分领域的人才涌现出来，而短视频、直播这样的"富媒体"会进一步放大他们的影响，更加快速地创造出更多的网红和意见领袖。

热闹背后的门道：
多层因素的驱动和粉丝经济的延伸

直播电商之所以能够在5年里快速成长为一个万亿级的产业，并不是偶然因素作用的结果，而是与其背后存在的微观、中观、宏观层面的驱动因素密切相关，同时也是"粉丝经济"在新时代的表现形式。

微观层面：富媒体、人格化带来更高效的交互和转化

首先，与先前的图文模式相比，视频直播是一种内容更加丰富、形式更加高效的媒介，即所谓的富媒体。通过直播，商品的包装、内容、材质、功效等特征可以得到更加充分的表达，而且主播可以根据观众的在线反馈，实时地对大家关心的问题进行针对性的讲解和展示，充分降低购买过程中的信息不对称，减少达成交易的障碍。

其次，主播也是影响交易达成的重要因素。与冷冰冰的图片和文字不同，主播的家庭情况、教育背景、工作经历、性格特征、语言风格、才艺禀赋等共同构成了他们的"人设"：有的朴

实，有的高调；有的理性，有的感性；有的演技爆棚，有的憨厚老实……尽管"人设"有经营的成分，但在互联网时代信息公开透明，海量用户通过互联网媒体形成了广泛的大众监督，让表里不一的人设难以长期维持，也让真实和真诚的主播获得大家的信任，而这份信任也极大地降低了交易成本，成为连接主播和粉丝、卖家和买家的关键纽带。

最后，不可否认，在当前阶段，极具性价比的价格仍然是驱动用户下单的重要因素。直播电商之所以能够给出相对较低的价格，一方面源自主播和供应商周密考虑的商品配置和定价策略；另一方面也是主播"代表"粉丝和供应商讨价还价的结果：主播的铁粉数量越多，其面向供应商的议价能力越强，越有可能为粉丝争取到更低的价格或者更优惠的商品配置。当然，一味地追求低价并不一定是最优的选择。长期来看，直播电商的目的仍然是要为消费者带来质优价廉、有趣有用的商品，因此需要在价格、品质、功效、趣味性等方面谋求平衡，而不能过度"偏科"，直播对用户的购买驱动因素，如图1-8所示。

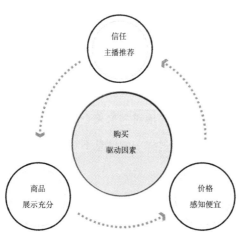

图1-8 直播对用户的购买驱动因素

中观层面：基于平台模式的增长飞轮效应

在直播电商从萌芽到爆发式增长的过程中，诸如淘宝、快手、抖音等互联网平台扮演了至关重要的角色，它们为电商交易的达成提供了买方、卖方、交易场所、交易规则、交易方式等一系列必要因素，而这些因素也借助平台模式中特有的网络效应规律，通过推动增长飞轮的运转，如图 1-9 所示，促使交易规模如滚雪球一般不断增大。

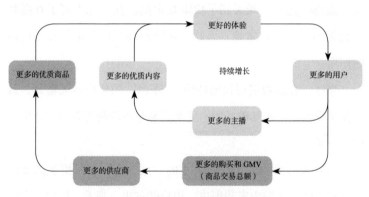

图 1-9　直播电商平台的增长飞轮模型

首先，在第一层的增长循环里，主播通过提供优质的短视频和直播内容给用户创造更好的内容消费体验，从而吸引更多的用户关注与支持；更多的用户参与进来观看内容，则会进一步激励更多的主播入局，从而带来更多的优质内容和更好的体验；如此循环往复、不断增强。这一增长循环在快手、抖音等靠内容起家的平台更为突出。通过第一层循环，平台积累了更多的卖家（主播）和买家（个人用户），为交易的发生创造了基础条件。

其次，基于第一层的增长循环，第二层的增长循环也生长了起来。更多的用户参与就会带来更多的商品购买，进而激励更多的供应商入局，为整个生态提供更多、更优质的商品；而优质商品也会为用户创造更好的购物体验，从而吸引更多的用户加入。这一增长循环在以淘宝为代表的电商平台中更为突出。

第一层循环和第二层循环的互补匹配，一方面让主播实现了电商变现，能够以此为生、长期发展；另一方面，使用户可以一边逛一边买，既买到了价廉物美的商品，也丰富了直播和短视频的内容消费体验。因此，两层循环之间产生了互相增强的作用。

当然，在这两层增长循环中，"平台"的作用至关重要，其不仅是交易发生的基础场所，更是交易规则的制定者和产业生态的营造者。

随着大数据和人工智能技术的发展，平台有了更加高效的工具和方法来匹配内容和用户：用户的点击、观看、停留、点赞、评论、转发、购买等行为都会形成数据，海量的用户就会产生海量的数据，海量的数据又能够促进人工智能算法迅速迭代、升级，进而产生更加准确的"内容—用户"匹配，进一步促进用户以上的一系列行为，形成正向的"数据飞轮"。随着时间的推移，"数据飞轮"会不断地给平台积蓄势能，增强平台的竞争力和壁垒，也让新玩家入局的难度不断提升。

在交易规则方面，政府部门和平台制定了诸多规则和政策，它们一方面用于惩戒违规经营商家，另一方面用于奖励优秀商家，避免劣币驱逐良币。在产业生态方面，合理的分工和高效的协作是促进产业繁荣的必要条件；平台积极引入 MCN、供应链、独立软件提供商、广告营销、分销团长等各类服务商，并探索规则、机制驱动各方群策群力，依靠大众的力量共同推动生态的繁荣发展。

宏观层面：技术和非技术因素的共同驱动

世界上很多国家也具备以上微观和中观层面的因素，甚至有些国家先于中国具备这些因素，但为什么直播电商率先在中国生根发芽、开花结果呢？要回答这个问题，就必须把直播电商行业嵌入更加宏大的中国经济发展的大背景中去思考。我们认为，在宏观环境层面，一系列技术因素和非技术因素共同驱动了直播电商甚至整个互联网经济的发展。

正如诺贝尔经济学奖获得者罗伯特·索洛所提出的，"长期的经济增长主要依靠技术进步，而不是依靠资本和劳动力的投入"[1]。在技术因素方面，底层的通信技术是整个互联网和信息产业发展的基础保障。从早期的拨号上网到宽带技术，再到之后的移动互联网 2G（第二代移动通信技术）、3G（第三代移动通信技术）、4G 乃至今天的 5G（第五代移动通信技术），技术的不断演进极大地提高了信息交互的速度，扩大了信息交互的规模，降低了成本，为应用的创新奠定了良好的基础。在通信技术之上，电话、电脑、功能手机、智能手机、智能终端等终端技术的创新，以及这些创新成果在用户侧的推广和普及，也为互联网应用的创新提供了强大而普遍的载体。在终端技术之上，媒体形态也在持续不断地升级，从早期的网络论坛、门户、社交网络到微信、微博、短视频和直播，媒体形态的每一次创新都会降低内容生产和消费的门槛，让更多的人参与进来，从而形成更大范围的社群和网络，为交易的发生做好铺垫。大数据和人工智能技术也至关重要，如前文所述，这两类技术将内容行业传统的"人工采编"模式转变为"基于算法的机器推荐"模式，且推荐的精准程度和匹配程度会随着使用者、使用数量的增多而日益增强，甚至形成"马太效应"[①]。人工智能算法所基于的数据既有内容的标题、简介、时长等静态数据，也有用户的点击、观看、评论、转发、购买等行为数据。算法甚至能够做到"看懂"内容，并基于自己的理解对内容重新打标签、分类。据悉，字节跳动和快手都有上千名算法专家，他们每天都在根据用户产生的数据来对算法进行优化和升级。

技术的创新需要在适宜的环境中才能够展现其价值，正如再精密的机器也需要适当的人在适当的环境下操作才能运转正常。非技术因素对于直播电商乃至互联网经济的发展同样至关重要，其中包括政策法规环境、社会人口变化、经济发展水平等。在政策法规方面，我国政府对于通信、金融支付、互联网内容服务等领域的逐步开放，为百花齐放的互联网应用和平台

---

① 马太效应是指强者愈强、弱者愈弱的现象，即两极分化现象。——编者注

的产生创造了良好的土壤，使得互联网企业有机会获得相关的资质证照，合法合规地开展运营服务。在社会人口方面，80后、90后和00后逐渐成了消费主力军，他们在成长中享受了改革开放的红利，与父辈相比，其生活条件更加富足，消费理念更加开放，更容易接受新鲜事物，这就使得互联网创新有了庞大的实验田。在经济水平方面，40多年的改革开放使中国经济实现了举世瞩目的高速增长。我国人均GDP在2001年首次突破1 000美元，越过了"贫困陷阱"；2008年突破3 000美元；2021年突破12 000美元，成功越过"中等收入陷阱"。经济的蓬勃发展既增加了商品供给，也给居民的消费提供了基础和信心，使得人们更容易做出消费决策，消费产品也从有限的刚需品扩展到无限的非刚需品，进一步刺激供给侧生产各种各样"美好"（但有可能"无用"）的商品，如此循环往复。2020年年初暴发的新冠肺炎疫情尽管给经济发展和社会生活带来巨大挑战，但也加速了人们娱乐和购物行为的"线上化"，因而客观来说直播电商这种兼具娱乐和购物属性的新模式也获得了加速发展的机会。

总之，直播电商的迅速崛起是在一系列技术和非技术因素的共同作用下产生的，如图1-10所示，同时也是粉丝经济在新时代的表现形式。这些共同构成了直播电商行业的"底层逻辑"，其中虽有偶然的成分，但更大程度上体现了历史的必然。因此，想要看清直播电商的未来发展趋势，就要先看清这些底层因素的变化趋势。

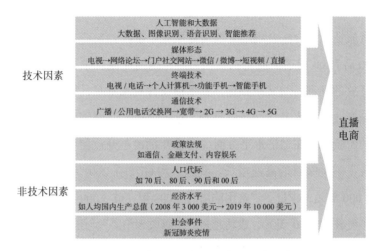

图1-10 直播电商行业的底层驱动因素

不断进化的生态：
直播电商的生态、产业链和参与者

过去5年的快速发展不仅让直播电商成为一种新型的电商形态，而且围绕直播电商也形成了更加专业的分工，发展出了配套的产业链，其中包括供应商、供应链服务机构、主播、MCN、平台、SaaS（软件即服务）服务机构、数据服务机构、营销服务机构等，如图1-11所示。

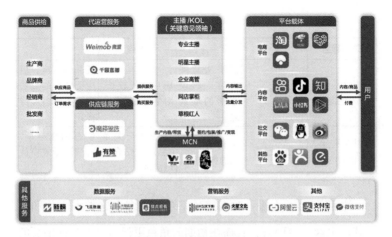

图 1-11　直播电商产业链

直播平台：三足鼎立格局日渐清晰

时至今日，直播电商"三足鼎立"的格局日渐清晰起来，即以淘宝、京东、拼多多等为代表的电商平台直播化，以快手、抖音为代表的直播平台电商化，以及以微信（视频号、小程序直播）为代表的社交平台直播电商化，如表 1-2 所示。

表 1-2　直播电商的三种关键趋势

关键趋势	代表平台	业务逻辑	优势	劣势
电商平台+直播	淘宝、京东、拼多多	商品详情页的补充，增加用户黏性和交易转化	丰富的货品资源，相对成熟的商家管理体系	内容丰富度、趣味性与内容平台有差距，造成用户使用时长较短

关键趋势	代表平台	业务逻辑	优势	劣势
直播平台+电商	快手、抖音	直播卖货即内容；回馈主播的形式之一	用户时长较长，对主播黏性高	货品丰富度、供应链管理的成熟度、履约服务待提升
社交平台+直播电商	微信、微博	从内容工具到内容生态	真实社交关系（私域）结合公域流量	生态仍在早期，公域流量规模待提升

电商平台+直播：对淘宝、京东、拼多多这类中心化和货架式的电商平台而言，直播在初期的角色更像是对商品详情页的补充。传统的商品详情页以图文为主、短视频为辅，与之相比，直播在内容的丰富度、生动性、互动性、代入感等方面都具有明显的优势，因此，对同样的用户流量而言，直播能够带来更强的用户黏性（如停留时长）和交易转化（如下单率），从而起到提升存量交易机会的作用。随着这类平台上主播的成长和影响力的提升，很多用户也养成了定期观看直播的习惯，把原本花在其他地方的时间用在"逛主播的直播间"上，从而带来了新的销售增量。尽管如此，由于这类平台的本质仍是货架电商，其在内容的丰富度、趣味性等方面与内容平台有天然的差距，因此在用户使用时长方面存在劣势。

直播平台+电商：对快手、抖音这类内容平台而言，直播卖货本身就是一种内容形式，是对具有娱乐属性的短视频和直播的补充。在过去，粉丝通过娱乐属性的内容与主播建立黏性和信任后，只能通过礼物打赏回馈主播；现在，粉丝在自己喜爱的主播直播间里购物，既回馈和支持了主播，又获得了实惠，一举两得，逻辑十分顺畅。而且，由于这类平台的内容丰富、趣味性强，以及算法的精准推荐和沉浸式（上下滑动）的使用体验，用户很容易入迷，将大量的时间花在平台上，从而带来更多的电商交易机会。然而，由于内容平台发展直播电商仍处于早期阶段，在商品丰富度、供应链管理的成熟度以及履约服务等方面仍不及传统电商平台，有很大的提升空间。

社交平台＋直播电商：继快手、抖音之后，以微信为代表的社交平台也在快速拥抱直播电商，先是在小程序上开通了直播电商功能，之后又大力发展视频号。对微信而言，视频号首先是一个帮助用户表达的工具和空间，在这里，内容消费者与内容创作者通过短视频和直播形成了关注与被关注的私域关系，这类似于公众号。但与公众号不同的是，视频号在私域的基础上增加了公域的广场和算法的推荐，这和快手、抖音非常相似。这不禁让人感慨，对微信这个几乎覆盖了所有国人的社交平台而言，后发不一定是劣势，反倒在学习了其他平台的经验教训之后会以更小的代价、更快的速度成长壮大。然而，视频号生态整体上还处于早期，内容的质量、用户的习惯、电商的心智存在较大的提升空间，但其发展潜力不容小觑。

关于各大平台的分析和比较会在本书第二章深入展开。

主播和MCN机构：从野蛮生长到专业化和机构化

主播和MCN机构也在经历着从野蛮生长到专业化和机构化

的转变。

早期的直播电商（2015—2018年）主要依靠主播个人的能力与精力。主播一方面凭借个人的兴趣、才艺、能力来直播带货，另一方面也要独立负责从货源到销售以及售后服务的全部环节，没有形成专业化的分工与协作，这也就使得工作效率和服务质量都相对偏低。尤其是对快手、抖音平台上的娱乐型主播来说，由于缺乏电商运营经验，直播电商带来的挑战更加明显。

在经历了单打独斗的阶段后，主播逐渐意识到了团队的重要性，尤其是粉丝规模较大的主播。他们意识到不仅要建立账号矩阵来缓冲直播对于主播个人的依赖，还要自建供应链团队或者与专业的供应链机构合作，确保货品端的稳定和可靠。于是，公司化运作的直播电商MCN机构逐渐浮现了出来。值得一提的是，在快手特有的"老铁"文化中，一批MCN机构以"家族"的形式出现，利益关系、师徒关系、亲情关系都融汇在了"家族"之中，"家族"成了快手独有的一类群体。

在原生主播进行机构化的同时，一批原本就处于电商或文化娱乐行业的机构也加入进来，构成了另一股MCN力量。它们往往具备更为专业的人设打造、内容制作、活动执行、流量投放等能力，也一度得到各方平台的鼓励和支持，因此获得了较为快速的成长和变现。

关于主播的分析会在本书第三章详细展开。

供应商：从杂牌到厂牌再到品牌

风起于青萍之末，每一个新生态的崛起都会松动原有固化的格局和规则，从而创造新的机会缝隙。往往是在原有格局中处于边缘的群体能够抓住新的机会，因为他们并非既得利益者，无从失去，自然也就有更大的勇气和决心去探索缝隙中的机会所闪现的光亮。直播电商的供给端也是这样。

最早尝试直播电商的是一些经营较差的商家，他们甚至一开始仅仅把直播电商看作清理库存的渠道，其商品也是五花八门、良莠不齐，唯一的卖点就是便宜，但这种情况对平台、主播、消费者、社会来说都是不健康和不可持续的。随着国家政策法规的逐渐严格，以及平台规则的不断完善，供应链侧的门槛提高了许多，很多不良经营的商家被挡在了门外，而踏实经营的"厂牌"（也称"国货品牌"）开始浮现出来。

这些商家往往都是工厂出身，经过多年的代工或者线下经销的积累，具备了一定的生产能力和质量管理能力，然而由于它们是电商的后来者，在流量成本高、运营复杂、竞争激烈的传统电商平台中很难脱颖而出。但在直播电商中，尤其是以快手、抖音为代表的网红带货中，主播生动的讲解、极强的信任背书，以及商家质优价廉的商品，很快赢得了消费者的信赖。诸如嗨吃家酸辣粉、合味芳螺蛳粉、蜂毒牙膏、小养面包等一系列"播品牌"就从直播电商领域成长了起来。

厂牌的崛起让一些老品牌也开始对直播渠道产生了兴趣，很多国内一线、二线品牌甚至国际品牌都开始尝试直播，它们或做品牌专场，或找大主播带货，逐渐摸索着直播电商的规律和利弊。值得一提的是，品牌公司往往会考虑更多的因素，它们不仅关注销量，更看重品牌的声量、调性以及对原有经销体系的影响，因此它们对直播电商的探索和尝试就会显得更加小心谨慎，这和十几年前众多品牌对于入驻天猫犹豫不决的景象非常相似。也许正是如此，品牌才能够推陈出新。

渠道红利往往会带来品牌成长的红利，所以在直播电商这一渠道中很可能会生长出新的品牌，它们或是新的品类，或是原有品类的升级和替代，或是抓住新的人群需求……新品牌成长的路径可能千差万别，但一定都会形成对原有产品体系的挑战，带来创新和不同。

供应链服务机构：从散乱到体系化

在直播电商（尤其是达人带货）这种业态中，主播就像是开了个"杂货店"，不仅每场直播需要推销数十种不同类型的商品，而且考虑到粉丝审美疲劳的问题，"杂货店"还需要经常上架新品，不断调动粉丝的购买欲望。因此，主播就需要进行"组货"，即整合众多供应商的优质商品，组成一盘结构合理、品类丰富、有卖点、有价格优势的商品，从而支撑一场有规模的直播。在这种情况下，供应链服务商就应运而生了。

早期的供应链服务商主要是直播生态内的一些"中间商"，他们或熟悉主播群体，或贴近货源，在两边穿针引线，促进货和人的匹配。但这样的模式在服务的标准化、稳定性，以及资金结算的安全性等方面都存在诸多问题，难以规模化扩张，且随着平台监管要求的提升，这一模式的生存空间日益变小，取而代之的是两类更加专业的解决方案：第一类是平台型服务商，诸如快手的好物联盟、抖音的精选联盟，它们类似于阿里巴巴的 1688 平台，在货源和主播之间搭建了信息整合的平台，主要解决了信息不对称的问题，而货源和主播之间的匹配、售卖后的履约服务等，都要依靠供应商和主播自身来解决；第二类是第三方供应链服务机构，包括专攻区域和线下的服务机构，以及覆盖面更广、线上线下相结合的服务机构（如魔筷科技），它们除了提供精选的商品信息，也深度接入了服务、履约、资金结算等环节，提供了更具针对性和更高品质的服务。

关于供应商和供应链服务机构的详细分析将会在第四章展开。

SaaS 服务机构：从交易工具到服务赋能

围绕直播电商的前台、中台和后台业务逐渐形成了专业的 SaaS 产品，它们对于直播电商行业的发展也至关重要，是提升效率、效益和降低成本的重要工具。具体而言，可以将直播电商的 SaaS 分为交易型 SaaS、数据型 SaaS 和辅助型 SaaS。

交易型 SaaS 主要是为主播提供线上店铺系统，几乎涵盖了主播所需要的所有作业流程，包括添加商品、商品管理、订单管理、资金结算、数据报表、营销工具等功能。在交易型 SaaS 中，除了各大平台自身开发的交易系统以外，也存在着诸如魔筷科技等第三方专业 SaaS 服务商。

　　以魔筷科技为例，作为快手和腾讯战略投资的企业，魔筷科技的 SaaS 分别接入了快手、微视、全民 K 歌、腾讯视频、微信视频号等多个平台，并且除了店铺管理功能外，魔筷科技还向上游供应链延伸，为主播提供了 100 多万个经过筛选的单品，让主播能够一键将商品上架到各个直播间里进行售卖。之后的履约、服务等问题则由魔筷科技联动供应商负责，让主播实现"拎包入住"，十分简单方便。类似魔筷科技这样的商业模式被业界总结为 S2B2C：S 即供应商（supplier），B 即主播或中小卖家（business），C 即消费者（consumer）。这一模式将产业链的上下游串联起来，让大家各司其职、分工协作，而不是重复造轮子，从而极大提升了行业的效率。

　　数据型 SaaS 主要为供应商、主播、媒体以及直播电商相关从业者提供大数据服务，帮助大家更加系统地统计和分析整个交易过程，从而不断优化、提升。其中比较有代表性的有壁虎看看、飞瓜数据、新榜等。以壁虎看看为例，其通过技术化的手段监控了快手、抖音、淘宝等主流平台上的直播活动，把相关数据结构化，包括主播端的直播时间、频次、带货交易额、打赏礼物收入、粉丝画像、短视频内容特征等，也包括商品端的商品品类、热卖商品、销售价格、销售数量、销售金额等。在这些数据的基础上，壁虎看看还做了更深入的数据挖掘和分析工作，从而给用户提供一些预测性的经营建议。

　　辅助型的 SaaS 一般被称为独立软件提供商，主要包括营销管理、店铺管理、客服工具、店铺装修等类别，其作用是进一步完善主交易链路，让卖家和买家的效率更高、体验更好。以店铺管理类 SaaS 为例，就存在着类似"快打单"这样专攻打印快递面单的 SaaS 工具。打单这个过程看似简单，但在直播电商这样脉冲式销售（瞬间产生巨额单量）的场景下，仅仅是很小的细节优化（如提高快递单号的生成速度、边打单边发货的模式），都会对卖家的效益产生很大影响（如退货率、错发率等）。再比如私域粉丝管理系统，以酷管家为代表的 SCRM（社会化客户关系管理）SaaS 深度打通了企业微信的能力，可以帮助主播、供应商更为高效、便捷地管理微信中的私域粉丝，维持粉丝的活跃度，并能够将粉丝从微信引导进直播间，反哺直播电商，形成联动效应。

总之，伴随着直播电商的发展，不论是交易型 SaaS、数据型 SaaS 还是辅助型 SaaS 都会持续增强和完善，不断提升交易的效率和体验，而 SaaS 自身也会成为直播电商的附属产业之一，形成可观的市场规模。

其他服务机构：营销推广、直播基地、仓储物流

围绕直播电商还形成了营销推广、直播基地、仓储物流等专业服务机构。

营销推广可以分为内容推广、商品推广、商品－主播匹配三种类型。内容推广主要是指对短视频、直播内容的推广，目的往往是增加粉丝量、增长人气和提高曝光等；商品推广主要是指通

过信息流、短视频或者直播进行带货，并在该过程中加大流量投放，其目的往往是扩大销量；商品-主播匹配主要是指商家发布一定金额的推广任务，或者主播发布一定的接单需求，两者在平台上完成匹配，并由主播通过发短视频、开直播等形式履约。各大平台均为上述形式的营销推广需求开发了各类产品，并招募了相关的服务商，帮助平台销售各类产品并积累流量。

直播基地是在线下为主播、供应商提供服务的站点和载体，往往会具备直播间、样品仓、云仓等硬件服务功能，以及营销推广、培训教学、主播孵化、活动策划等软性服务能力。直播基地常见于主播集中（临沂、石家庄）或者货品集中（广州、杭州）的地区，并根据各地不同的行业特征而在功能上有所偏重，其核心价值在于集约化所带来的效率提升和成本降低：原先供应商和主播之间是一种单向联系的关系，每个供应商需要对接很多主播，每个主播也需要对接很多供应商，而且中间还存在寄送样品、讨价还价等问题；而直播基地在一定程度上解决了这些问题，主播在基地中会同时看到许多商家的商品，商家的商品也会面向多位主播。直播基地作为一个桥梁纽带把两者连在了一起，提高了匹配效率。

直播电商单品爆款和脉冲式的销售也给仓储物流带来了新的机遇和挑战。机遇在于：脉冲式的销售使得主播或者商家自建仓储的成本变高（除非规模大、销售持续稳定），而第三方云仓因为汇聚了多方订单，起到了削峰填谷的作用，因此更具备规模优势；另外，单品爆款的销售模式也极大地降低了库存和分拣的难度，使得更多的仓储服务商可以入局。挑战在于：以快手为代表的直播电商激活了大量低线城市的电商购物人群，但这些地方的仓储物流基础设施仍有待提升，尤其是难以支持水果、肉蛋、海鲜等生鲜产品的配送，这不仅限制了交易的发生，也会产生很多损耗和纠纷。当然，这并非直播电商独有的问题，而是国家层面基础设施完善和提升的问题。

小结

本章是对全书的导读，从"为什么直播电商拥有如此旺盛的生命力"这一问题开始，首先，沿着时间线回顾了直播电商过去5年的发展历程，展现了该行业在起源、崛起、爆发、规范化和步入万亿规模等不同阶段所发生的关键事件；其次，从微观、中观、宏观三个层面探讨了驱动直播电商行业快速发展的结构性因素和底层逻辑；最后，梳理了直播电商行业当前的产业链状况，并对产业链中不同的角色进行了刻画和分析。我们希望读者能够通过阅读本章初步建立对直播电商行业概况的认知，而关于直播电商平台、主播和用户、供应商和供应链服务机构、直播电商的社会影响等更加具体的内容，将在本书后续章节展开。

本章作者：薛元昊（魔筷科技合伙人、副总裁，
浙江大学管理学博士）

第二章

直播电商的平台格局

直播电商以直播为媒介，重塑原有购物场景下的人、货、场三要素，相比于传统电商有着强互动、高转化的优势。过去几年，直播电商一直保持着高速增长的态势，不仅在市场规模与渗透率上不断提升，同时也不断演进出复杂的生态，产业链上下游愈加成熟。直播电商的蓬勃发展，离不开用户侧观看习惯的养成、国家政策的推动以及社会性事件的催化，也离不开各大互联网平台的加码与推进。以2016年蘑菇街上线直播购物功能作为标志性事件，直播电商这场硝烟四起的战争正式拉开序幕，淘宝、快手、抖音、腾讯等互联网大厂相继布局直播电商，如图2-1所示。

为了更好地理解直播电商生态，本章将从直播电商平台的视角，审视当前直播电商平台的竞争格局，比较不同直播电商平台间的核心差异，并还原各直播电商平台的布局逻辑与发展历程。

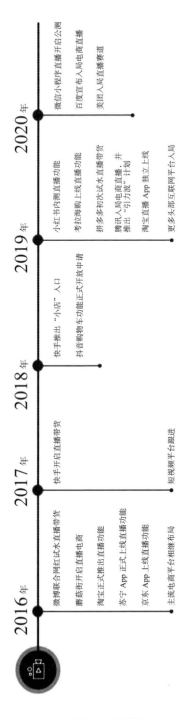

图2-1　不同平台入局直播电商的时间线

2016年
微博联合网红试水直播带货
蘑菇街开启直播电商
淘宝正式推出直播功能
苏宁App正式上线直播功能
京东App上线直播功能
主流电商平台相继布局

2017年
快手开启直播带货
短视频平台跟进

2018年
快手推出"小店"入口
抖音购物车功能正式开放申请

2019年
小红书内测直播功能
考拉海购上线直播功能
拼多多初次试水直播带货
腾讯入局电商直播，并推出"引力波"计划
淘宝直播App独立上线
更多头部互联网平台入局

2020年
微信小程序直播开启公测
百度宣布入局电商直播
美团入局直播赛道

直播电商的竞争格局

毕马威联合阿里研究院发布的《迈向万亿市场的直播电商》报告显示，2020 年直播电商整体市场规模为 10 500 亿元，同比增长 142%，在电商市场中的渗透率仅为 8.6%。该报告预测 2021 年直播电商整体规模将达到 19 950 亿元，且渗透率将突破 14.3%，如图 2-2 所示。

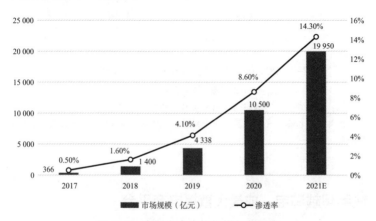

图 2-2　直播电商市场规模与渗透率

图片来源：毕马威联合阿里研究院，《迈向万亿市场的直播电商》

2016 年至今，各大平台以差异化竞争的方式加速入局直播电商，平台的政策、活动以及功能都在重塑消费者的决策路径和行为。直播电商"三分天下"的格局日渐清晰起来，即：以淘宝、京东、拼多多等为代表的"电商平台+直播"，以快手、抖音为代表的"内容平台+直播"，以及以微信为代表的"社交平台+直播"。它们的起点虽有差异，但主流产品形态逐渐趋同，市场渗透也呈现交叉趋势，竞争形势愈加激烈，图 2-3 为三家头部直播电商平台过去 4 年的交易规模变化数据。

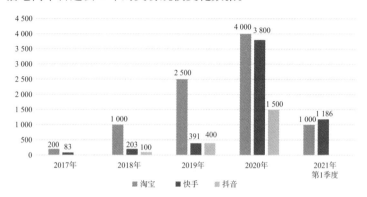

图 2-3 　2017—2021 年第 1 季度头部直播电商平台的
交易规模对比（亿元）

注：2021 年第 1 季度抖音未有相关数据披露
图片来源：根据光大证券、快手招股书、晚点 Latepost、阿里巴巴财报等资料整理

快手超越淘宝，成最大直播电商平台

从头部玩家角度看，淘宝直播从 2017 年至今，始终保持高速的增长，2020 年全年 GMV（商品交易总额）超 4 000 亿元，从该时间节点看，淘宝直播成为最大的直播电商平台。根据快手财报披露，2020 年，快手电商的交易规模迅猛飞涨，全年 GMV 达 3 812 亿元，约为 2019 年的近 7 倍。抖音直播电商布局相对落后，但 GMV 同样保持飞速增长，抖音闭环电商 GMV 从 2019 年的 400 亿元提升至 2020 年的 1 500 亿元。2021 年起抖音电商高调宣布"兴趣电商"，预计抖音 GMV 将在 2021 年迎来高速增长。

基于阿里巴巴与快手披露的 2021 年第 1 季度的 GMV 数据，快手电商第 1 季度 GMV 达 1 186 亿元，同比增长 220%，而阿里巴巴约为 1 000 亿元。从 GMV 体量上看，快手已超越淘宝，成为最大的直播电商平台。

视频号入局，头部集中度进一步提升

从市场集中度角度看，2018—2020 年，淘宝、快手、抖音三家头部平台的总市场占有率分别约为 93%、76%、89%。由于抖音未公开披露准确的 GMV 数据，相关测算可能存在误差，但在快手电商和抖音电商发展显著加速的背景下，淘宝直播、快手、抖音三者在直播电商中的市场份额有望进一步提升，预计将超过 90%。除了原有的直播电商三巨头，新入场的视频号也在 2021 年发力直播电商。根据有赞创始人白鸦在直播间公开访谈中的预测，视频号将在 2021 年实现 1 300 亿元的电商交易规模，其中品牌自播为 100 亿元，门店直播为 200 亿元，创作者带货为 1 000 亿元。在集中度不断提升的背景下，未来直播电商将以快手、淘宝直播、抖音、视频号四大平台为主要"战场"。

直播电商平台差异比较

产品侧差异

淘宝直播栏目于 2016 年 3 月上线，定位为"消费类直播"，功能嵌入手淘平台。淘宝直播独立 App 于 2019 年春节前上线，2021 年 1 月更名为点淘，模式变更为"短视频＋直播"，新的品牌口号为"点你所爱，淘你喜欢"。点淘平台意在让消费者在一个 App 里实现种草、搜索、购买的闭环。淘宝直播有两个入口，一个是手机淘宝 App 的"淘宝直播"栏目，另一个是点淘 App。从手机淘宝 App 推荐页可进入淘宝直播专栏，直播间以双列瀑布流的形式呈现，可直接点击进入直播间，或对商品、主播进行搜索。产品的使用逻辑是以搜索为主，算法推荐为辅。点淘 App 融合了短视频和直播，直播部分为双列瀑布流的形式，短视频部分是单列全屏沉浸式设计，从上线时间看，其借鉴了抖音、快手的产品设计思路。

快手的官网描述是"快手是记录和分享大家生活的平台"，IPO（首次公开募股）招股书中的描述为"我们是全球领先的内容社区和社交平台"，整体来看快手平台自身的定位是"内容＋社交平台"。用户在平台生产内容、浏览内容，产生社交行为，并通过内容（短视频、直播）产生购买行为。2021 年快手的最新口号为"拥抱每一种生活"，从看见到拥抱，是从认知到行动的升级，快手意在与用户建立起双向的交流，增强品牌与用户之间的情感连接。2020 年 9 月快手 8.0 版本上线，App 启动后默认进入精选短视频界面，单列全屏沉浸式设计，这一思路来源于抖音。对用户而言，全屏的视觉体验更佳，操作路径更短，内容切换更加流畅，沉浸感更强。这一改变也体现了快手在商业化上的野心，因为单列强制性的推送更有利于提升广告投放效果。同时，快手也在"首页"栏保留了双列的设计，双列是快手坚持普惠原则的基石，给用户更多选择的机会，也给"每一种生活"更多的展示机会。

抖音在应用商店中的简介为"抖音是一个帮助用户表达自我，记录美好生活的短视频平台"，其本质也是"内容＋社交"，与快手类似，但内容属性优于快手，社交属性不及快手的"老铁关系"。抖音的品牌口号为"记录美好生活"，其中"美好"与快手的"每一种"体现了二者的差异。单列全屏沉浸式的设计是抖音的特点，极致的用户体验背后，是用户极低的主动决策行为，这也导致了用户与主播的弱关系，社交和直播带货成了抖音的短板。抖音底部菜单栏中单独有一列"朋友"，表明了抖音在产品功能层面有意强化社交属性。

不同平台对单双列的选择有着较大的差异。整体而言，单列信息流的产品形态下平台对流量拥有更强的把控力，而双列设计则是由用户决定帖子的点击，平台对流量分发的把控相对较弱。此前，快手主打双列设计，抖音推崇单列形式，但目前主流平台的产品设计基本趋同，均选择同时保留单列和双列设计。

算法机制

淘宝直播延续了手机淘宝的"千人千面"算法，通过用户特征、直播间特征、商品特征的关联，给用户精准推送其可能感兴趣的直播和商品。"千人千面"算法虽然会把直播间推送给目标用户，但直播间能否被用户看到，还取决于直播间的浮现权。直播间的浮现权受封面、驻留、关注（转粉）、互动、转化率、粉丝回访 6 个核心维度的影响。各项指标超过系统动态平均值，就会被判定为优秀直播间，并在相关页面靠前的位置出现。

快手和抖音都是以算法和技术见长，从品牌口号中也能看出二者在算法目标上的差异。快手推行公平普惠理念，让所有人创作的内容都有机会被分发、被看见。在流量分配上，快手引入了经济学中的基尼系数，均衡流量，防止流量过于集中在头部，避免平台用户之间的"贫富差距"，如图 2-4 所示。同时，快手对于网红达人没有特殊的政策扶持，头部流量仅占总流量的 30%。快手的热度权重会起到"择新去旧"的作用，确保新作品得以展现。从推荐路径看，旧版快手内容推荐的顺序为先社交后兴趣，新作品先在同城小范围内曝光，达到一定阈值后会进行更大范围的曝光，直至进入发现页进行全网分发。快手 8.0 版本更新后，用户打开 App 默认进入精选页，社交和兴趣内容会集中推荐。

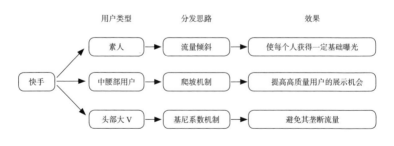

图 2-4　快手去中心的普惠分发

如果单纯从点击率的角度看，那么头部优质内容有更高的点击率，平台给予的相应流量倾斜无疑会更加"高效"，无论是用户体验还是全局收益也都更进一步。与快手的算法目标不同，抖音算法助力高品质、高热度内容快速形成爆款，长尾内容在极少的流量下就会被做出评判。其结果便是流量被集中到了头部，长尾内容几乎没有流量，这种赛马机制带来的马太效应也尤为明显。所以大众眼里的抖音和快手，一个是精致的台上表演，一个是平凡的街边才艺。从推荐路径看，抖音新作品会有 200~300 的初始流量，之后根据数据进行分级加权（加大流量推荐），最终进入精品推荐池，推荐期会持续一天至一周，如图 2–5 所示。

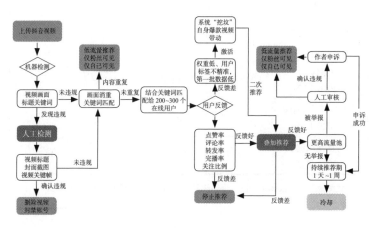

图 2–5　抖音算法推荐机制及流程

图片来源：国金证券研究所绘制

用户侧差异

用户规模：抖音处于领先地位

从用户规模上看，根据公开披露的数据，抖音处于绝对领先地位，2021年2月其日活跃用户数（简称"日活"）为3.90亿。快手2021年3月的日活达2.95亿，淘宝与视频号在2020年年底的日活分别为2.86亿与2.80亿，如表2-1所示。此外，2020年年底快手电商日活约为1亿，占总日活的比重约为37.8%，直播电商的用户渗透率仍有较大提升空间。

表2-1　各直播电商平台的用户差异比较

维度	淘宝	快手	抖音	视频号
日活	2.86亿 （2020/12）	2.95亿 （2021/03）	3.90亿 （2021/02）	2.80亿 （2020/12）
直播电商日活 （2020/12）	1.56亿	1亿	/	/
GMV （2020/12）	4 000亿元	3 812亿元	1 500亿元	/
单用户日均GMV （2020/12）	7.0元	10.4元	/	/
人均日使用时长 （2021/06）	/	99分钟	105分钟	19分钟

数据来源：QuestMobile，西部证券，快手大数据研究院，视灯数据

用户价值：快手的单用户日均GMV高于淘宝直播

从用户价值角度看，通过对比信息披露较为充分的淘宝直播与快手电商，我们可以发现快手的单用户日均GMV高于淘宝直播。截至2020年年底，淘宝直播的日活为1.56亿，2020年全年GMV为4 000亿元，单用户日均GMV为7.0元。尽管快手电商在2020年的总GMV低于淘宝直播，但其单用户日均GMV为

10.4 元，高于淘宝直播。

用户画像：淘宝直播女性占比最高，抖音年轻群体占据优势，快手下沉市场用户占比高

从用户性别角度看，淘宝直播用户群体中的女性占比达 60%，远高于快手和抖音，如图 2–6 所示。此外，根据 2019 年与 2020 年发布的淘宝直播新经济报告，男性用户占比分别提升了 6% 和 4%。而根据《2020 快手电商生态报告》，快手电商中女性用户为主要购买力，贡献了总体 GMV 的 72%，如图 2–7 所示。通过比较男性用户与女性用户在订单数和 GMV 占比中的差异，我们可以发现在快手电商中男性的客单价相对女性的客单价更高。

从用户年龄角度看，三家平台用户在年龄结构的分布上基本一致，年龄段主要集中在 80 后和 90 后，这两个年龄段用户占整体用户的比例达 65%，如图 2–8 所示。从整体上看，淘宝直播用户年龄偏大，抖音用户平均年龄最小。

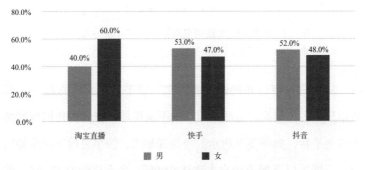

图 2–6　三大直播电商平台用户性别分布

图片来源：QuestMobile，2020 年 12 月

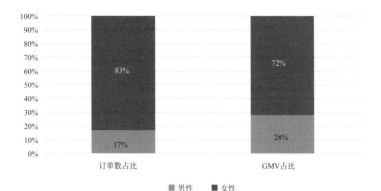

图 2-7　快手分性别电商消费占比情况

图片来源：《2020 快手电商生态报告》，2020 年 1—6 月

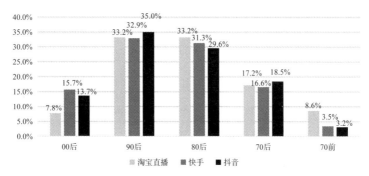

图 2-8　三大直播电商平台用户年龄分布

图片来源：QuestMobile，2020 年 12 月

从用户城市分布的角度看，在三家平台中淘宝直播的一线城市用户占比最高，五线及以下的下沉市场消费者占比同样远高于其他平台，如图 2-9 所示。与抖音相比，快手更偏下沉市场用户，三线及以下城市用户占比达 64.9%，高于抖音的 58.7%。此外，根据《2020 快手电商生态报告》的数据披露，三线及以下

城市的用户对 GMV 贡献占比为 73%，即下沉市场用户贡献了更大比例的 GMV，如图 2-10 所示。

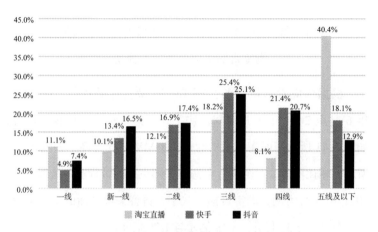

图 2-9　三大直播电商平台用户城市等级分布

图片来源：QuestMobile，2020 年 12 月

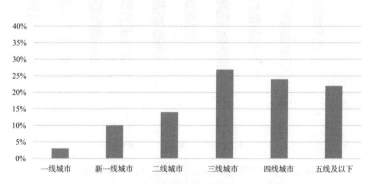

图 2-10　快手各城市等级用户 GMV 贡献占比

图片来源：《2020 快手电商生态报告》，2020 年 1—6 月

主播侧差异

头部主播分布：快手头部主播数量占比高于同业，
淘宝直播主播带货能力强劲

根据壁虎看看披露的全网 Top 50 带货主播数据，在 2020 年 6 月至 2021 年 3 月期间，快手在主播数量上占据较大优势，如图 2–11 所示，而淘宝直播的带货 GMV 占比更高，如图 2–12 所示。相比而言，三个平台中淘宝头部主播的带货能力最强。以 2021 年 3 月为例，淘宝直播、快手、抖音头部主播的平均带货金额分别为 5.31 亿元、3.23 亿元与 1.75 亿元。

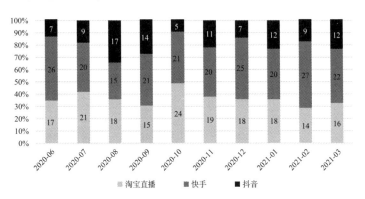

图 2–11　全网销售额 Top 50 主播各平台数量分布

图片来源：壁虎看看

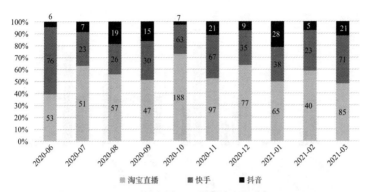

图 2-12　全网销售额 Top 50 主播各平台 GMV（亿元）

图片来源：壁虎看看

头部化效应：淘宝直播头部化最严重，优化流量格局是各平台趋势

从 GMV 角度来看，三大平台均呈现一定程度的头部效应，其中淘宝直播头部化最为严重。快手头部效应次之，原因是快手的强私域、强关系属性使得快手头部主播通过家族形式形成一定的垄断。抖音头部化相对较弱，这主要得益于平台对流量拥有超强的掌控力。

以快手为例，对比 2019 年 5 月与 2020 年 5 月头部带货主播的粉丝量级分布，如图 2-13 所示，我们可以看出，快手头部带货主播中高粉丝量级的主播数量占比大幅下降，而 10 万~100万粉丝量级的带货主播正在快速崛起，中腰部主播带货能力凸显。

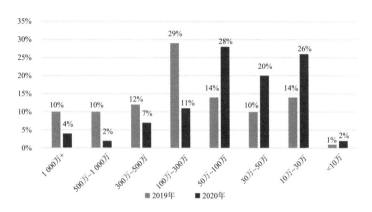

图 2-13　2019 年与 2020 年快手 Top 500 带货主播粉丝量级分布

图片来源：壁虎看看

商品侧差异

从各品类销售额占比角度看，我们可以发现三个平台的品类结构存在着较大差异。淘宝直播的优势品类为女装、美妆与母婴，该三类产品共占整体日活的 48%，各品类占比呈现相对均衡的结构，如图 2-14 所示。而快手电商有 49% 的日活由服饰鞋包品类贡献，随后依次是美妆（17%）、食品（15%）和珠宝玉石（9%），如图 2-15 所示。抖音电商的优势品类则为食品，占总日活的 36%，随后依次为美妆（13%）、母婴（11%）、洗护（10%）和服装（6%），如图 2-16 所示。

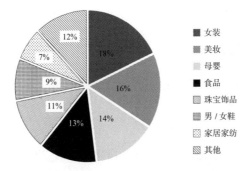

图 2-14 淘宝直播 2020 年各品类销售额占比

图片来源：知瓜数据，《2020 年淘宝直播平台发展趋势全剖析》

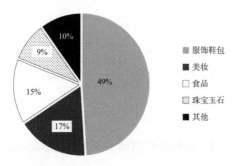

图 2-15 快手电商 GMV 按品类分布

图片来源：快手大数据研究院，《2020 快手电商生态报告》

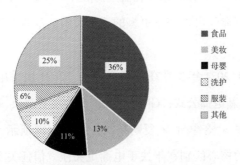

图 2-16 抖音电商 GMV 按品类分布

图片来源：QuestMobile 新媒体数据库，2021 年 6 月

商业模式差异

商业模式差异主要体现在两个方面：一是生态开放度的差异，二是交易底层逻辑的差异。

生态开放度差异：自建 vs. 第三方

从生态开放度角度看，当前主要有两种模式：自营工具与第三方合作。自营工具是指平台方自主开发并向用户提供交易工具，而第三方合作是指平台方接入第三方公司（电商平台或电商SaaS 服务商）。淘宝直播完全使用自营工具实现交易；抖音绝大部分订单通过自营的抖音小店完成；快手和视频号均采用自营工具与第三方合作相结合的方式。

底层逻辑差异：流量价值驱动 vs. 关系链驱动 vs. 算法驱动

淘宝直播主要基于传统电商逻辑"GMV=UV（流量）× 转化率 × 客单价"，围绕最大化流量价值开展流量分配，拥有更高转化率的直播间可以获得更多的流量倾斜，本质上为流量价值驱动。

快手于 2021 年 3 月在杭州举办的"2021 快手电商引力大会"上提出新电商公式：GMV=UV × 内容消费时长 × 单位时长订单转化率 × 客单价 × 复购频次，如图 2–17 所示。这与传统电商逻辑的核心区别在于快手电商更关注"信任关系"的构建，更关注人本身。其商业本质是通过提高用户对平台和主播的信任，构建稳定的私域流量，提升单位时长的订单转化率，并重视信任导向的复购频次，从而全面提升流量的商业化价值。

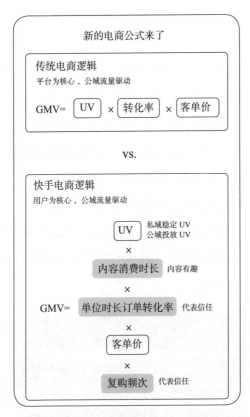

图2-17　传统电商逻辑 vs. 快手电商逻辑

　　类似地，抖音电商也对传统电商逻辑进行了重构，并于2021年4月在广州举办的"2021抖音电商生态大会"上提出"兴趣电商"的概念。抖音电商总裁康泽宇认为兴趣电商是一种基于用户对美好生活的向往，满足用户潜在购物兴趣，提升消费者生活品质的电商，其核心是主动帮助用户发现他们潜在的需求。随着物质生活水平的不断提升，消费者的不确定性需求占比也在不断提升。抖音的优势在于其用户体量、推荐和分发精准度、内容丰富度。强大的算法可以充分保证分发效率，让消费者发现好的内容或者合适的商品从而进行购买决策，本质上是更好地实现了"货找人"的过程。此外，为了帮助商家实现商品销售的长效增长，抖音联合贝恩咨询提出兴趣电商下的增长模型，具体来说即由商家自播（Field）、达人矩阵（Alliance）、营销活动（Campaign）、头部大 V（Top KOL）组成的 FACT 经营矩阵，帮助商家搭建起"短视频 + 直播"的内容体系，形成"自播 + 达人"的组合经营模式，再加上抖音电商的平台活动，能迅速聚拢特定受众，为商家创造从"种草到拔草"的 GMV 持续增长全链路，如图 2-18 所示。

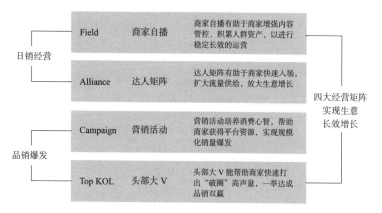

图 2-18 "FACT 四大经营阵地"对应不同的生意目标和经营场景

发展逻辑与关键历程

不同的禀赋优势决定了不同直播电商平台的发展逻辑。淘宝等综合电商平台长于高效的流量转化价值与扎实的供应链基础，但始终受限于流量侧的突破，仅能捕获有确定购物目的的用户，而无法很好地吸引无目的闲逛和寻求娱乐的用户。快手、抖音则恰恰相反，它们长于流量端，吸引了大量闲逛、以娱乐为目的的用户，但受困于供应链完善度与内部流量效率的竞争。至于社交类直播电商平台，其既充分满足了商家对私域流量的需求，又具备几乎全量的用户基础，但缺乏足够的内容和电商基础。不同类型的平台，依据各自的禀赋优势，创造性地走出了不同的直播电商之路。

电商平台

综合类直播电商平台的代表是淘宝直播。淘宝直播于2019年3月30日发布了成立三年来的第一份发展趋势报告——《2019年淘宝直播生态发展趋势报告》。从该份报告中我们可以看到淘宝直播的飞速发展，2018年淘宝直播平台带货超千亿，带货同比增长400%，如图2-19所示。此外，阿里巴巴发布的2021财年第1季度财报显示，淘宝直播GMV连续8个季度成倍增长，成为阿里巴巴业务增长的引擎之一，如图2-20所示。

2017Q1	2017Q2	2017Q3	2017Q4	2018Q1	2018Q2	2018Q3	2018Q4

图 2-19　2017—2018 年淘宝直播带货规模趋势

图片来源：《2019 年淘宝直播生态发展趋势报告》

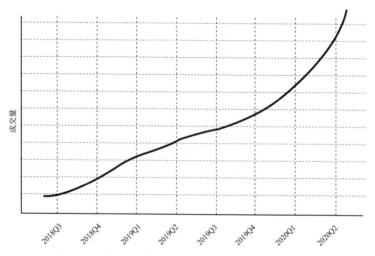

图 2-20　淘宝直播（GMV）连续 8 个季度成倍增长

图片来源：阿里巴巴 2021 财年第 1 季度财报

　　淘宝直播诞生于淘系内容化改造的整体战略背景之下。2016 年 3 月 29 日，淘宝在杭州召开 2016 年度卖家大会，阿里巴巴集团 CEO（首席执行官）张勇在会上明确了淘宝未来的三大发展方向：社区化、内容化和本地生活化。在 2016 年举办的首届淘宝"造物节"上，张勇又说道："我们过去一直讲，希望用户在这里能够消磨时间，能够充满发现的乐趣。但怎么才能有发现的乐趣，核心是这个平台不断在创造出新的产物，新的消费对象，消费的内容。这样的话，才能做到真正的 kill time（消磨时间）。"2016年上线的淘宝直播正是淘宝平台为内容化所创造的新产物。阿里巴巴自从明确淘宝内容电商化的战略方向后，专门成立了内容营销（电商）事业部，由原无线事业部总监闻仲担任第一代掌门人。2019年，原支付宝用户与平台事业部资深总监玄德成为其第二代掌门人。该事业部最核心的业务线即为短视频与直播电商。

然而，淘宝直播在早期并没有被看好，最直接的挑战来自内部各事业部之间在流量分配上的摩擦。淘宝直播并不能带来全新的外部流量，换言之淘宝直播需要与其他产品及频道争夺站内的流量，且直播并不一定是流量变现效率最高的途径。为此，淘宝直播的核心和重点始终围绕在流量和内容的突破上，大概可以总结为如下几个阶段。

阶段一：达人挖掘与培养，解决直播内容供给侧问题（2016—2018年）

电商直播作为一种新兴的模式，最开始大部分商家并不怎么愿意尝试，同时也没有成功模式可供参考。如果要做直播电商，内容供给是淘宝直播早期所需解决的最大难题。"让达人来直播"是一种相对顺理成章的模式，因为达人本身就活跃在微淘、淘宝头条等淘系生态链中，通过内容生产与用户进行连接，而直播会让彼此之间的互动更为简单直接。淘宝直播的第一批主播主要来自淘宝生态体系内部，前期基本是从淘女郎转化而来。在 2016 年 3 月内测时，淘宝官方主动邀请了一批形象气质、粉丝数量、带货能力都不错的淘女郎到淘宝总部进行直播培训。最开始的时候，很多主播并不看好淘宝直播未来的发展，而是被迫转型到直播上来。作为第一批吃螃蟹的淘金者，她们在承受风险的同时也享受着最原始的流量红利。2016 年 4 月底淘宝直播正式上线，当时直播间数量少但流量多，开通直播的主播都能较为轻松地实现涨粉。

确定了"达人直播"的供给侧解决方案之后，平台思考的重点是如何充分挖掘达人潜能以及批量复制与培养达人。因此，搭建体系成为该阶段淘宝直播的核心任务。具体来看，包括如下几个方面。

（1）成长体系：淘宝是较早尝试直播的平台。直播是一种全新的业态，在平台发展早期，主播的培养成为整个生态的关键瓶颈。淘宝直播在完成早期的达人招募后，开始建设配套的主播成长体系。经过了多轮的迭代更新，目前新的主播成长体系是根据"开播活跃度""直播间粉丝观看数量"和"直播引导成交金额"来计算每个主播的成长值。主播入驻淘宝直播后，当前等级自动成为 V1，升级到 V2 需成长值达到 80 分，升级到 V3 需成长值达到 240 分，升级到 V4 需成长值达到 500 分，升级到 V5 需成长值达到 800 分。表 2–2 是平台为主播提供的从 V1 升级到 V3 的建议升级攻略，各主播可以根据自己的实际情况选择自己擅长的维度进行组合升级。

表2-2　淘宝直播新主播的升级攻略

等级	成长值范围	升级门槛	升级攻略			预估得分
			近30天开播活跃天数	近30天场均粉丝数量	近30天直播引导成交金额/元	
V1	0~79	V1升V2需达到80分	7	1	0	87.50
V2	80~239	V2升V3需达到240分	15	15	4 000	245.03
V3	240~499	—	—	—	—	—

（2）主播培训：对直播主播的培训包括直播运营基本技能、主播人设打造、用户洞察分析、粉丝运营和数据工具运用等。

（3）树立标杆：树立标杆是让更多人参与淘宝直播生态建设的有效策略。从2017年3月30日第一届淘宝直播盛典开启之后，与当年"双11"的发展速度一样，淘宝直播中无论是主播数量、机构数量、商家数量，还是总成交额都在成倍地增长。淘宝直播于2018年年初发布了"双百战略"——培养100个月收入百万元的主播。淘宝直播公开披露的数据显示，截至2018年第4季度，每月带货规模超过100万元的直播间超过400个，如图2-21所示。

（4）淘宝直播基地：淘宝直播与各地政府、机构开展合作并在当地设立直播基地，通过合作经营的模式在当地开展直播相关培训与达人孵化。其中，淘宝直播提供培训方案与扶持激励，当地机构负责培训实施。该举措既帮助当地带动就业，同时也实现了主播侧的充分供给。

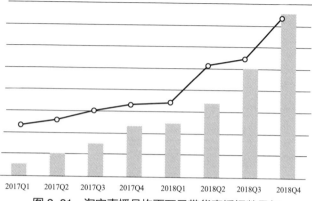

图例：
月均百万元带货直播间数量 ── 专业主播日活数量

2017Q1　2017Q2　2017Q3　2017Q4　2018Q1　2018Q2　2018Q3　2018Q4

图 2-21　淘宝直播月均百万元带货直播间数量与
专业主播日活数量

图片来源：淘榜单和淘宝直播，《2019 年淘宝直播生态发展趋势报告》

　　淘宝直播的一系列举措有效地解决了直播供给侧的问题，淘宝直播专业主播的日活实现了数倍的增长。淘宝主播中的女性占比极高，超过整体的 80%，而在头部主播中该比例更高。在城市线级分布上淘宝主播主要集中在二线城市，低线城市的主播占比较低。在年龄上，淘宝主播整体年龄跨度极大，从 70 后到 00后都有，其中以 90 后主播为主，如图 2-22 所示。

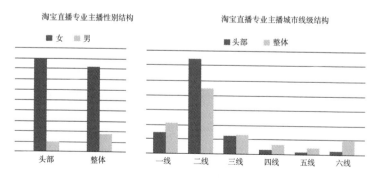

淘宝直播专业主播性别结构　　　　淘宝直播专业主播城市线级结构

图例：女　男　　　　头部　整体

头部　整体　　　　一线　二线　三线　四线　五线　六线

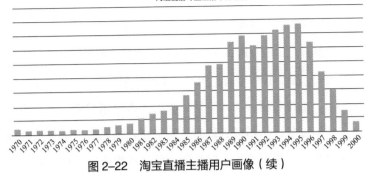

淘宝直播专业主播年龄结构

图2-22 淘宝直播主播用户画像（续）

图片来源：淘榜单和淘宝直播，《2019年淘宝直播生态发展趋势报告》

阶段二：采用明星直播策略，吸引站外流量（2019年）

在解决了内容供给侧的问题之后，淘宝直播重新进入瓶颈期：站内流量有限，急需外界的流量。一方面，一些头部主播开始在站外进行流量布局，大量粉丝因为头部主播进入淘宝直播。另一方面，平台侧采用明星直播策略以期吸引站外流量。

淘宝直播于2019年3月宣布启动"启明星计划"，希望通过引导大量明星或关键意见领袖入场破除流量困局。用户在手淘搜索"启明星计划"即可观看明星直播和回放。所谓"启明星"，淘宝给出的定义是站外粉丝达100万以上，且在专业领域有影响力的明星、关键意见领袖、媒体或者自媒体。2019年7月，淘宝直播在北京召开"启明星计划"发布会，会上淘宝内容电商事业部总经理玄德表示，淘宝直播正在尝试一种新的方式来改变明星和粉丝以及商家和品牌之间的关系。当时有超过100名明星加入淘宝直播的"启明星计划"。

相比于传统主播，明星本身自带大流量且具有强大号召力，可以在短时间内迅速聚集人气。同时，许多明星对于护肤、化妆和穿搭都有自己的见解，乐于输出专业内容，对粉丝的购买决策影响极大，整体转化率高。淘宝直播通过邀请大量流量明星、搞笑艺人、主持名嘴等加入直播，吸引了海量消费者。尽管偶尔会有翻车现象，但不可否认的是明星在直播间的一举一动都极易在社交平台引发热议。以李湘为例，首次淘宝直播她就拿下惊人战绩：累计观看 53.2 万，单场涨粉 7.5 万，单场总订单数超 1 万，单场总成交额直逼 100 万元，数据毫不逊于头部电商主播。

阶段三：流量均衡策略，破除寡头格局（2020—2021 年）

淘宝直播的大部分流量被头部主播瓜分，整个生态的马太效应非常明显，新主播和中腰部主播想要成长极其困难，大部分店铺直播流量不如人意的情况可能会长期存在。当前淘宝内流量已经处于存量状态，遵循流量价值最大化逻辑，流量根据直播间的流量转化效率进行分配。这种分配逻辑会导致强者恒强，头部主播由于更大的流量，可以在供应侧获得更优质的商品供给以及更低的价格，而这进一步促成其转化效率高于其他中小直播间。整体来说，寡头不利于直播生态长期的健康发展。为此，淘宝直播采取了如下策略。

（1）垂类主播挖掘：淘宝 Top 50 的头部主播带货能力特别强，基本可以做到全品类带货。全品类主播对供应链能力的要求极高，而门槛越高越利好头部主播，因此扶持全品类主播无法帮助平台有效解决头部化。为此，淘宝直播开始扶持更多的垂直类主播，给予其更多流量倾斜。为了树立更多具有生态特色的主播标杆，淘宝直播推出"功夫主播108"的营销项目。

（2）鼓励店铺直播：直播生态中的服务商数量迎来一轮激增，目前淘宝直播的 MCN 机构已有一千多家。淘宝直播生态衍生出"代播服务"这一新型服务业态，专门帮商家快速开播。2019年6月至2020年3月，淘宝直播上的代播服务机构从0家迅速增长至200多家。在2020年年初抗击新冠肺炎疫情这一特殊情形下，淘宝直播开放"优惠"政策，使得淘宝直播2月新开播商家环比增幅达719%，直播商家获得的订单总量平均每周都以20%的速度增长。

（3）升级"逛逛"：淘宝缺乏内容社交基因，主播内容或 IP 属性不强，加上流量有限，主播涨粉很慢，粉丝黏性不高。淘宝通过全面升级"逛逛"，期待未来其可以与淘宝直播更有效地结合，充分满足用户逛的需求。2020年，淘宝将"微淘"升级为分享种草内容平台"逛逛"，核心目的是希望通过内置一个"小红书"，增强自身的社区属性，进而带来更多的自生流量和原生达人。

内容平台

抖音、快手拥有海量用户与主播等前端优势，期待通过引入电商体系来提高平台流量的变现效率。虽然用户的娱乐心智强，但胜在基数规模大，所以电商规模增长迅速。随着电商直播逐渐成为一种相较于秀场直播更好的变现模式，很多秀场主播开始向电商主播转变。例如，快手从 2017 年开始布局直播，2018 年上线了电商功能，其初衷是给主播提供更多变现手段。秀场主播主要依赖直播打赏变现，但粉丝"用爱发电"是不可持续的，用实物商品代替打赏则提供了更多变现空间。快手以此吸纳了很多秀场主播入驻。根据壁虎看看提供的数据，2020 年 3 月带货直播的场次比例从大约 35% 快速上升至大约 40%，对应的秀场直播比例从大约 65% 下降至大约 60%，如图 2-23 所示。

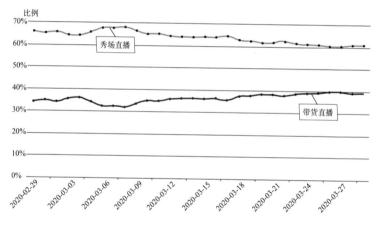

图 2-23　快手秀场直播和带货直播的场次比例
图片来源：壁虎看看

抖音、快手等内容型平台的直播电商发展逻辑类似，大体上可以分成两个阶段。

阶段一：基础设施建设，电商 SaaS+1.0 供应链体系
（2018—2019 年）

内容型直播电商平台长于流量与内容，但在电商交易基础设施和供应链体系方面存在短板。因此，快手、抖音在发展初期优先需要解决的是电商交易基础设施和供应链体系问题，而最快解决瓶颈问题的方式是接入第三方合作方。以快手为例，除了自身开发的快手小店之外，还接入了淘宝、魔筷星选以及有赞等。

此外，快手、抖音早期的主播以达人为主，但大部分达人没有货源，因此平台需要为达人提供供应链解决方案。供应链均选择对接第三方平台，包括淘宝、京东、拼多多、魔筷星选等。随着直播电商的发展，当前已经演化出一系列的招商模式。以快手为例，快手生态内的供应链模式总结，如表 2-3 所示。

阶段二：完善电商基础设施，构建良性发展的电商生态
（2020—2021 年）

不论是抖音还是快手，都在尽量避免用户跳出自己的 App 来进行交易。App 的跳出指的是用户在抖音和快手的短视频或者直播中购买商品时，需要跳出抖音和快手的 App 并进入手淘或其他第三方电商平台进行操作。增加页面的跳转会大大降低用户的支付转化率，更重要的是用户的每一次跳出都有很大概率不再回到原来的平台，从而影响用户的使用体验和活跃度。抖音、快手均在逐步增加商家接入自营电商小店的占比。例如，

表2-3 内容型直播电商平台的供应链模式总结

模式	平台型供应链	混合型供应链	自有供应链	自主招商供应链	非固定中介型供应链
代表	魔筷	快手头部主播	韦娅、陈先生	小沈龙	/
模式	开放招商＋爆款精选	开放招商＋OEM（原始设备制造商）	自有工厂	开放招商	定向招商
供应端	全品类、食品居多，以源头工厂为主，兼具品牌属性	开放招商：供应链留存相对较好，购商品留存较差，难以长期合作，高复以从源头开始，包括对新品的开发，对工厂的选择。以美妆和服饰为主。OEM：因为流量确定，链接到淘宝平台	自有商品	全网开放招商，选择有优势的商品及厂家	全网开放招商
流量端	快手＋腾讯系，与主播多为合作关系	确定性流量	自有流量/打榜流量	自有流量	个人人脉资源，与部分网红保持较好联系
选品思路	基于主播画像与需求，结合数据分析进行商品推荐	按照标品与非标品进行组货，标品与非标品的区分是指价格是否透明以及是否可对比。先用标品的低价策略略营造低价心智，再用非标品做利润款，以自营的工厂货为主	垂类商品，例如服装、美妆等	对商品品质有较高要求	无固定需求及偏好，以最大化利润为导向
物流发货	商家发货为主，逐步增加自有云仓占比	商品要入仓、入仓前有质检、自主发货	自主发货	商家发货	商家发货

QuestMobile 的新媒体数据库数据显示，2020 年 10 月抖音电商 96% 的直播带货商品均集中在抖音小店，如图 2-24 所示。

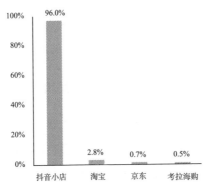

图 2-24　2020 年 10 月抖音电商直播带货商品渠道分布

图片来源：QuestMobile 新媒体数据库，2020 年 10 月

此外，快手、抖音也都在积极布局供应链生态。双方均推出各自的选货中心，快手称之为"好物联盟"，抖音的则叫"精选联盟"。虽然叫法不同，但两者的模式是类似的，都是为主播提供一个可以自主选品并在促成交易后获得佣金的交易平台，该模式被称为 CPS（按销售额付费）。除此之外，双方均在各地尝试建立源头直供的产业带基地。两者在供应链上的动作有一定的共性，但也有布局差异，如快手大力扶持白牌供应链，抖音则不断加大在品牌侧的布局力度，并希望抖音电商成为一个新的对标天猫的品牌阵地。

社交平台

以微信为代表的社交平台在近两年间发展了三种直播电商模

式。一是腾讯官方力量推动的腾讯看点直播和微信小程序直播；二是腾讯开放给所有开发者的第三方小程序直播，其中较有代表性的为有赞的爱逛直播、特抱抱；三是新入场且具有超大增长潜力的视频号直播。

小程序直播（2020 年）

私域直播的概念萌芽于 2019 年年底，叠加 2020 年年初的疫情催化作用，众多玩家入场布局微信直播电商，助力商家获取和运营私域流量。其核心驱动力来自两个方面：一方面是公域流量获取成本不断提高，商家尝试寻求私域流量的运营与变现；另一方面是传统私域流量玩法的图文传达方式效率低、效果差，商家希望通过直播模式激活沉默的流量资产并提升转化。图 2-25 和图 2-26 为布局私域直播电商的相关玩家介绍与差异对比。

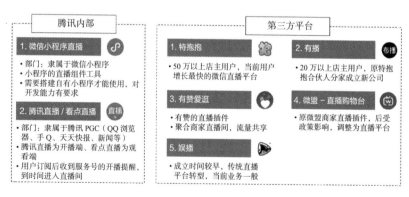

图 2-25　相关玩家布局私域直播电商

类别	直播平台	成立时间	用户画像	流量来源 1——私域	流量来源 2——公域（广场）	分销货源	电商工具	入驻门槛	定价
官方直播工具	微信小程序直播	2020 年 2 月	连锁大品牌公众号	商家自有	×	×	×	高，需要拥有搭建完整的小程序电商系统能力	免费
官方直播工具	腾讯看点直播	2019 年 12 月	中长尾店主公众号	商家自有	×	×	×	需嫁接第三方电商平台，目前支持微店与京东	599 元 / 半年
直播工具 + 电商工具	有赞–爱逛	2019 年 4 月	实体店主公众号	商家自有 + 公私域流量交换	√	√	√	购买有赞微商城	6 800/12 800/26 800 元 / 年
直播工具 + 电商工具	微盟–直播购物台	2019 年 12 月	实体店主	商家自有	√	×	√	购买微盟微商城	8 800 元起
社交电商 + 直播	特抱抱	2019 年 6 月	微商长尾实体店	多级分销	√	√	√	低	299 元 / 年
社交电商 + 直播	有播	2019 年 11 月	微商长尾实体店	多级分销	√	√	√	低	299 元 / 年
社交电商 + 直播	娱播	2018 年 9 月	微商长尾实体店	多级分销	√	√	√	低	398/998 元 / 年

图 2–26　主要玩家差异比较

视频号直播（2021 年）

私域直播电商的模式存在一个核心问题，即大部分主播和商家并没有足够的私域流量积累，且每一个主播和商家均处于流量饥渴状态。寄希望于用户裂变带来新流量的假设并未成立，非品牌商家由于缺少信任、吸引力等无法达成较好的裂变和直播间停留效果，而品牌商家在公域中的直播效率更高。整体来看，私域直播电商除了提供直播工具外，并没有为主播和商家解决核心的流量痛点。而视频号直播的出现，完美地解决了商家公域流量获取和私域流量运营管理的需求。

微信视频号主要采用基于社交关系的分发推荐模式，自 2020 年 1 月上线以来快速迭代更新，依靠微信强大的社交流量迅速发展壮大，并于 2020 年 6 月实现日活用户超 2 亿，随后其内容和商业生态基本建设完成。2020 年 10 月，视频号开始内测直播间并打通小商店，支持发布 30 分钟以内的长视频。2020 年 11 月，视频号新增"朋友在看的直播"板块。该阶段的更新使得视频号逐渐打通了微信所有的引流通道，逐渐形成一个成熟的"短视频 + 直播 + 电商"的商业闭环。

小结

近年来直播电商的发展有目共睹，各类型平台的数据都表明，直播电商对平台而言是一种有效的变现模式，优秀的直播电商内容也能够给平台带来内容反哺，提升用户体验和使用时长。为了争夺用户，平台间的关系开始从竞合关系逐渐转向全面竞争。不同平台依靠各自的禀赋优势形成了不同的发展逻辑，但无论是在产品形态方面，还是在生态布局方面，直播电商平台的演化方向基本趋同。

直播电商虽已三分天下，但总归格局未定，暂未有一方形成绝对领先优势。直播电商归根究底仍然需要遵循电商卖货的基本原则，商品性价比、售后体验、货源稳定性等电商核心经营要素在直播电商时代同样重要。粉丝对主播的信任与喜爱会在中短期带来一定的质量/体验容忍度，但消费者在中长期必然会趋于理性而选择商品性价比更高、售后体验更好、货源更稳定齐全的主播及店铺。为此，未来若想要赢得竞争，平台仍须不断提升平台效率和优化用户体验。

本章作者：王继杰（微拍堂商业策略负责人）

陈妃（壁虎看看内容总监）

第三章

直播电商的互动逻辑

在全面推进信息化的热潮中，商业新媒体的运用成为全球商业领域关注的热点。以网络和多媒体为代表的信息技术，为商业模式变革提供了全新的手段。然而技术的革新以及商业活动所依托的平台的发展演变，是否必然促成商品销售的成功，进而引发"商业模式的变革"？直播电商这一创新型商业模式的产生及其所创造的惊人商业成绩，其背后的根本原因是什么？对未来电商领域的发展趋势又有哪些参考意义？

形式背后的实质

在一直播、斗鱼直播、映客直播等热门直播平台，以及纷纷上线直播功能的快手、抖音等短视频平台上，"移动新媒体网络直播"① 这一全新的传播形式实现了即时性互动、快捷化分享、持续性沉浸的新型在线社交模式,满足了网络用户的碎片化互动需求。

直播电商是随着移动新媒体网络直播的出现和流行而产生的一种新型线上营销模式,主要指主播通过视频直播的方式向观看者实时展示、讲解、推荐商品,解答问题,从而使后者完成购买行为,达成在线交易的商业形式。这种形式为消费者提供了更接近线下的购物体验,优化了商品的展示方式,但并不是简单地将传统柜台导购线上化或电视购物数字化。直播电商是在智能移动设备的普及和互联网内容消费日趋刚需化的社会大背景下,在线上零售行业中进行的一项创新型跨界融合试验。

在电商领域,这股直播潮流的开端可追溯至 2016 年。这一年被称为"中国网络直播元年",各类直播平台、直播应用程序风起云涌,数量飞速增长,直播成为新媒体传播时代的宠儿。直播电商在这一年成为中国单位时间内转换利润最高的商业渠道②,其盈利成绩远超手机游戏、电视、广播、在线音频和视频等消费类别。直播购物的市场规模呈现惊人的爆炸式增长。2016 年 3 月,蘑菇街启动直播功能,此后不久,淘宝、苏宁和京东等主流电商平台相继推出直播功能,快手、抖音等短视频平台亦随即上

---

① 本章中称"移动新媒体网络直播",而非"直播",是为与传统电视直播相区分。本章所探讨的直播形式,是指以互联网和智能移动通信设备为依托的实时交互型视频传播方式。

② 资料来源于风险投资公司凯鹏华盈(KPCB)于 2017 年发布的《互联网趋势报告》。

线直播带货功能。在电商平台、内容平台和网红主播的共同孵化下，直播带货之风瞬时席卷全国。2019 年，直播电商模式发展成熟，并在随后的一年间打造了千亿级的消费市场。

伴随令人瞩目的成绩，一些问题也开始引发人们的思考，比如：电商有很多形式，为何直播这一特殊形式会大获成功？这种形式究竟特殊在哪儿？为何当前的电商类直播纷纷选择了竖屏的呈现方式？本节将从人的感官认知、需求层次和交互与参与度关系原理的角度，分析直播电商在影响购买决策和促成购买行为方面的优势，以及其具有这些优势的原因。

从横屏到竖屏，从静态观看到动态交互

直播形式的电商从何而来？在这里提出这一问题并非想要进行一场针对概念或创始者的溯源，而是试图分析和理解形式与发展现象背后的本质和根源，并以此推想未来的走向。让我们来看一个有趣的发展历程。

在当前的网络直播和短视频领域中，大多数的视频内容以竖屏呈现，直播电商更是几乎全部采用纵向展示。然而在过去的很长一段时期中，竖屏视频内容一度被认为是业余和品质粗劣的代名词。这一变化是怎样发生的？

最直接的影响来自视频内容的主流观看设备的变化。传统的视频呈现设备主要是电视和电脑显示器以及电影银幕，这些屏幕设备的共同特征是采用了横宽纵窄的水平向长方形显示比例，如大家最为熟悉的 4 : 3 和 16 : 9 的横纵比。彼时，当使用电脑播

放纵向视频时，播放器当中那些填充在视频两侧的黑色竖条所带来的视野缺失感令观众感到难以忍受。然而，当视频的主流观看设备逐渐从这些桌面设备或固定设备过渡到以手机为代表的移动设备时[①]，大量与移动设备屏幕设计相一致的纵向视频在内容市场上涌现，且以较快速度得到了受众的认可和喜爱。

有人说这一观看习惯变化很好理解：伴随设备的变化，用户自然会选用与之相适应的视频比例，使得有效信息最大化地填充设备显示区域，这不是再直观不过的转化理由吗？但是，这一观看习惯的变化仅仅是由所使用的设备的屏幕设计变化引起的吗？那么，为什么屏幕的方向和比例设计发生了变化？

首先需要解答的问题是为何传统影像设备的屏幕无论大小均被设计为横向。这是因为横向的显示区域设计最符合人类的自然生理习惯——人类的"视觉世界"是水平的。横向排列的双眼位置结构奠定了视域的生理基础，加之人类进化出的外围视觉（即"余光"），使得我们眼中看到的世界大致呈现为一个水平160°、垂直80°夹角的曲度切面[②]，类似于环形电影屏幕。这一先天生理特点使我们目前的电影、电视节目等内容大多以宽高比为4∶3或16∶9的宽屏格式在同样比例的荧屏上播放。

但是当我们的观看设备变为智能手机时，符合手机形态设计的竖屏短视频内容又成了非常受欢迎的观看对象。为什么这种与

---

① eMarketer 数据报告显示，截至 2018 年，使用移动设备观看视频的比例已经超过了 75%。

② 人眼（双眼）极限视域：水平230°，垂直150°。

人类的视觉生理特点相悖的显示比例会被用户接受和喜爱？有人说这只是根据人们的持握习惯做出了改变而已，因为人们纵向持握手机的姿势是最方便、最自然的。这个解释没有错，也确实有统计数据显示超过半数的智能手机用户习惯将屏幕锁定为竖屏状态，且 98% 的用户习惯纵向手持手机。然而这一理由并不充分，比如它无法解释为什么在呈现和观看电影、电视剧、游戏直播、体育直播等内容时，人们依旧选择符合视觉生理特点的横屏模式。

如果说这一选择的理由可以解释为：因为这些影视内容本来就是沿用移动新媒体产生之前的传统媒体旧时习惯，以横屏形式制作并直接迁移到移动端，不横屏无法全屏显示，也不便观看。那么，同样诞生于移动新媒体时代的游戏直播和体育直播为何也选择了横屏呢？其实，怎样呈现和观看特定的内容，并不完全由硬件设备的原始设计主导，它更是由呈现和观看的对象本身——需要传递的核心信息和该信息的最佳传递方式——所决定的。也就是说，如果一部影片的故事信息必须依赖于横向镜头画面才能讲述清楚，那么它的导演就一定不会为了适应设备而选择纵向拍摄。同理，短视频和直播电商平台之所以偏好竖屏，是因为它们的核心信息在竖屏状态下会达到最佳的传递效果。

其实竖屏影视内容早已出现。为了应对来自飞速兴起的短视频平台的冲击，以爱奇艺、优酷、腾讯视频为代表的网络长视频平台曾主动出击，基于用户的手持观看习惯打造了一系列竖屏影视作品。其中最为出圈的是爱奇艺于 2018 年推出的全网首部竖屏剧集《生活对我下手了》。该剧每集时间很短，2~5 分钟就能讲完一个令人发笑的生活片段。然而一个略显尴尬的事实是，尽管数家头部公司纷纷入局生产竖屏剧，但一年过后，真正实现出圈的只有《生活对我下手了》这一部作品。与该剧同期播出的《我的二货男友》在火锅视频上最高单集播放量达到855.4万，但点赞人数仅为322，官方账号粉丝也不足1,200。其他非头部作品更是鲜有问津。

笔者在此并非意在唱衰竖屏剧这种极具创新性的叙事形式，而是希望强调对特定信息类型选择最适合的表现形式的重要性。横屏与竖屏在内容表达和信息传递上各具优势。比如，传统横屏的镜头空间强调语言和叙事上的横向调度和层次关联，有利于通过具有较大信息承载量的前、中、后景的联系与融合暗示情节关系和传递隐含信息，从而塑造丰富的戏剧冲突；竖屏则大幅削减了左右两侧的信息承载空间，打破了传统的创作思维，将镜头聚焦于人物主体之上。在竖屏视频的运用和发展方面，爱奇艺并不是第一家潜心钻研的移动应用，最初发现竖屏内容具有巨大影响潜力的是社交网络平台 Snapchat（"阅后即焚"照片分享应用）。根据 MediaBrix 数据，竖屏给 Snapchat 带来了高达90%的视频广告完成率，使 Wibbitz 平台的视频浏览量增加了130%，使脸书平台的参与度增加了4倍。

竖屏之所以能够迅速占领广大新媒体传播领域，尤其是直播电商市场，其中一个重要原因便是这一画面比例能够更好地呈现主播及其介绍的产品。竖屏相对横向宽画幅来说画面更加聚焦，对于纵向的人物类主体的显示比例更大，主播与其所展示的产品占据几乎全部有效视觉信息空间，周边仅有少量的"留白"区域。这使得观看者的目光更容易聚焦于产品和主播，而避免目光在无效信息区域的游移。这也就促成了竖屏视频在单位时间内对核心商品信息的最高效输出。相较于竖屏中高度集中的视觉聚焦点，在横屏当中，主播无论是在中间还是偏左、偏右，都会使画面留有较多的空白。在视觉冲击力方面，于横向画幅中占据较小比例的人物所带来的视觉冲击力也会较几乎充满竖屏的状态弱一些。

　　此外，从视觉动力①的角度来看，相对于横屏所呈现的水平向矩形趋向于稳定的运动状态，竖屏所呈现的立式矩形会给观看者营造一种心理上的不稳定感，仿佛需要主动施加更多外力以维持其静止稳态，这会促使受众不自觉地进入一种比较"积极"的状态。这种状态使得受众的注意力更加集中。在直播电商的销售场景下，卖方希望带给受众的恰恰是一种时刻处于精神"激活"模式下，随时需要点击屏幕进行购买操作的迫切感，这与纵向长方形带来的不稳定暗示完美契合。同时，这种积极的心理状态也非常有助于调动受众的专注度，使得此种状态下的受众更加容易相信"权威"，也就更容易被主播牵动和影响。而横向放置的宽幅屏幕，由于其具有较强的稳定感，观者会趋向于放松、休闲的

---

① 心理学家鲁道夫·阿恩海姆（Rudolf Arnheim，1904-2007）基于格式塔心理学提出"视觉动力"理论（Visual Dynamic Theory），即人们在观察视觉对象时，可以感知到一种带有方向性的张力（directed tension），并会倾向于对应这种张力产生特定的心理反馈，例如产生希望维持稳定或对抗运动等心理活动。

状态，情节沉浸度高，但行动积极性偏低，较难产生强烈的购买欲和即时下单的冲动性。

回到最初的问题，从横屏到竖屏这一选择变化现象的底层逻辑是什么？如果从双眼主导的信息获取习惯来看，竖屏的选择显然是不符合人类生理特性的；但如果从手部操作主导的交互式信息获取模式来看，竖屏无疑是对人体生理结构的极大顺应。纵向手持之所以是最为方便的姿势，其关键之处并不在于静态持握手势，而在于拇指动态操作的便捷度——在常规单手持握的姿势下，处于屏幕正面的拇指的有效活动、触控范围是一个纵长横短的不规则椭圆形区域。纵向的持握可使拇指的有效活动范围与屏幕区域达到最高重合。也就是说，竖屏最大的优势在于对单手交互操作的支持。从横屏到竖屏形式的选择变化，其实质是由"眼主导"的静态观看到"手主导"的动态交互、由被动接收到主动选择的信息传递和获取方式的变化。与影视作品所要求的专注忘我的沉浸式观看和代入式体验不同，直播电商更强调的是对用户的充分调动性，需要保持用户的活跃度、参与度和行动积极性，保持用户的手指处于充分激活的状态，可随时进行交易操作。因此，在眼主导的横屏沉浸式体验和手主导的竖屏交互式体验之间，后者显然是电商类视频直播的最佳选择。竖屏这一外在形式上的表现，本质是对"交互需求"的顺应和满足。

交互需求的实质和"社交动物"的底层需求

一个产品或服务所满足的人类需求层级越是基础、越是底层、对人类生产生活甚至生存越是重要，它在用户中获取的认可度就会越高。选择了竖屏和直播形式的电商，充分满足了用户的交互需求。但交互需求的实质是什么？为何对这一需求的满足如此重要？它是被技术创造出来的新型需求吗？

关于"交互需求"这一概念的探讨，首先要看我们从哪个层面理解"需求"。一种说法是，刚性需求本来就已经存在，只是等待被人发现；另一种说法是，如果产品足够好，体验也非常好，好到出现质的飞跃的时候，需求就可以被创造出来。其实，如果统一到底层需求的层面来分析，这二者并不矛盾。如果仔细分析，我们会发现很多貌似全新的需求类型，均可在基础的需求类别中找到其衍生发展的源头。交互需求并不是一种独立的新型需求，更不是被新兴技术创造出来的。所谓交互，是指为了满足更加底层的需求的一种解决方式。也就是说，交互需求是由人类更加底层的需求衍生而来的。表面上看，直播电商和当前的各类新媒体内容的传播模式所满足的是人们的交互需求。其实在这种从广播式到交互式的变化中，最核心的要素便是"社交属性"的融入。看似由新时代造就出来的交互需求，其实是源自始终常伴人类左右的老牌需求——社交需求。或者说，交互需求其实是社交需求在数字和网络时代的一种新型表现形式。

那么，直播电商这一模式所满足的社交需求，它的分量很重吗？它是人类的底层需求吗？答案是肯定的。"人是社会动物"——这句大家可能听了无数遍的话，并不是一句主观臆断的虚妄之言，它是有着严谨的研究依据和充实的科学内涵的。甚至，我们可以更精准地说："人是'社交'动物。"

马斯洛[1]的心理学激励理论将人类需求划分为了三大类别、五个层级，由底层至上层依次是：第一，基本需求，包括生理需求、安全需求；第二，心理需求，包括爱和归属需求、尊重需求；第三，自我实现需求。在这一理论体系当中，社交需求被归纳于爱和归属这一需求层级当中，被定义为对友谊、亲情、爱情以及归属关系的需求。当生理需求和安全需求得到满足后，社交需求才会凸显出来，进而产生激励作用。

然而，更多新的研究成果表明，社交需求应当区别于情感上的爱和归属需求的狭窄概念范畴而进行重新划分。因为，社交需求除去心理满足这一层面上的作用，其实还在更加基础的层级上为人类解决着生存问题，是人类进化至今的一项基本需求。哈佛医学院精神病学临床副教授、神经精神医学领域专家、医学博士约翰·瑞迪[2]在 *A User's Guide to the Brain：Perception，Attention，and the Four Theaters of the Brain* 一书中提到，人类的大脑在我们成为"社交型动物"方面起着重要的作用。最新的神经学研究发现甚至显示：人类的大脑本身就是一个"社交的器官"。一系列医学研究和实验也进一步验证了这一发现，比如，脑部最原始的区域——小脑和杏仁核——正是参与人脑社交处理的区域。实验显示：杏仁核内部具有神经元，这些神经元仅在响应他人的反应和行为时才会被激活。针对进化的研究显示，人类的大脑已经在漫长的演进过程中对其自身进行了调整和改变，去适应生存的需要，并提高其宿主个体在群体生活当中获得成功的可能性[3]，使人类发展成了真正意义上的社会型动物。

为什么大脑会出现这样的社交功能发展和进化？因为这种社会属性和交流能力的进化给人类带来了巨大的生存和发展优势，让一个独立个体可以从另一个独立个体的知识和经验积累中获益。也就是说，我们的大脑"知道"处在社会关系中的人类个体会更容易取得各类"成功"、更容易生存，于是它便"主动作为"，进一步促使其宿主产生更加强烈的趋向群体的需求，使人类自觉地投入社会当中。

目前，心理学家和神经学家已经逐渐达成共识，认为社交行为就像记忆和语言一样，是一项人脑自带的功能。包括约翰·瑞迪在内的学者越来越确信"社交大脑"这一概念的正确性。尽管我们一直以来习惯于认为人类的这些情感、心理或道德能力是通过后天的学习获得的，但"社交大脑"的研究发现表明，我们的社交技能和社交行为其实是具有先天性和生物学基础的。[4]这也就解释了为什么我们会有与他人交流、互动的需求，以及为什么我们会关心他人并在乎他人给予的各种反馈。正如约翰·多恩所说："No man is an island（没有人是与世隔绝的）。"人类种族的最高优势就是我们彼此之间的紧密联系，社交活动则是人类健康和幸福的一项重要基础。我们与父母、同伴的持续社交互动对于个人的正常生存、发展至关重要。因此，人脑预先编设好了"程序"，让我们自降生的那一刻起就在不断地寻找其他人类，并努力与其交流、沟通、建立联系。

直播营销的独特价值在于将营销场与社交场整合在同一个场

域当中，两者相互协同作用，促进直播营销的开展：社交场将受众聚合，形成社群；营销场传播产品价值，实现产品或服务的销售；在社群成员互动活动的基础上营销效果倍增，同时营销场又是社交场得以维系的价值纽带。这一商业模式恰到好处地满足了人们的重量级底层需求——社交需求。因此，它自诞生起便携带了更易取得成功的基因。

基于需求的发展预测

媒介：人的延伸

表面上，购买行为是消费者接触商业平台的结果，而实质上，是否能够触发购买行为是由商业平台中嵌入的信息传递或获取方法所决定的。商业平台只影响能够接收到商品信息的消费者数量以及发生消费行为的具体操作方式，商品信息的有效传递才是影响购买行为的根本原因。而信息的传递无论依托于何种介质，根本上依赖的还是人。不同的媒介实际上是人的延伸，不同的传播手段是为了满足在不同介质上进行人际传播的需要。因此，研究商品信息的有效传递，需要从人的信息接收、处理和反馈入手。

从定义来看，购买行为是一种人们为满足需要和欲望而寻找、选择、购买、使用、评价及处置产品和服务时介入的过程活动，包括消费者的主观心理活动和客观心理活动[5]。它是由一系列环节、要素构成的完整过程。在这一过程中，"购买决策"居于核心地位。而直播电商的成功，恰恰是因为掌握了有效影响人的购买决策的方法。在电商领域中，直播电商这一创新模式有别于传统电商，具有独特的媒体属性和社交属性，可以被理解为电商与直播媒体和社交网络的跨界融合。从信息传播的角度来看，这一商业属性与媒体属性的完美融合，提升了该模式下的商品信息展示效果，与社交网络的结合又提高了商品信息的传递效率，进而顺利引导购买决策，促成购买行为。

依托于移动网络新媒体直播功能的"直播电商"，虽然从名称上看是"直播媒体"与"电商"的组合形式，似乎与传统媒体的"电视购物直播"一脉相承。然而，相较于传统媒体，移动网络新媒体平台的一项重要优势就是具备强大的社交与交互功能。这是传统媒体平台所不具备的，也是传统媒体试图真正进军直播电商领域的一个主要阻碍。表面上看，如果电商平台可以引入"媒体属性"构成直播电商这一新型营销形式，那么传统媒体同样也可以引入"电商属性"来实现这一融合。且传统媒体自带的天然传播优势似乎能够使其在涉足直播电商行业时不会遇到太多困难，可以借助自己最擅长的传播手段达到最佳效果，这也是新冠肺炎疫情暴发以来大批传统媒体纷纷介入"直播带货"领域的原因之一。然而，在探讨传统媒体进军直播电商领域这一现象以及直播电商行业的未来发展方向时，我们不仅需要从媒体的信息传播的视角对这一特殊商业模式进行分析，了解这一模式当中嵌入的信息传播方法如何影响消费者的商品认知过程，更需要清晰地认识到当前直播电商模式的社交属性的重要意义以及它如何达到影响购买决策、高效触发购买行为这一根本目的。

从传统电视直播到互联网时代的新媒体直播，是一个从"广播式"信息传播到"交互式"信息传播的转变。从传统模式的广告营销到直播电商营销，也同样是从"广播式"到"交互式"的演进。直播电商的营销方式正是随着新媒体直播的出现和走红而产生的线上销售模式。在该模式下，主播在直播平台上通过向消费者介绍商品特点、分享试用体验，以及实时进行经验交流和问题反馈，为消费者提供具有针对性的商品展示，进而促进消费者发生购买行为。由此可见，直播电商营销赋予消费者交互型新媒体受众的属性，它与新媒体视频直播一样，为受众营造了一种"社会临场感"。这种社会临场感高度接近人类在现实世界中的信息交流和商品选购决策环境，相当于在网络空间中对现实交易场景进行了延伸。于是，"交互式"信息传播的社会临场感的建立在促进购买行为方面具有"广播式"信息传播无法比拟的优势：直播电商借助虚拟直播环境突破物理空间限制，将相互隔离的受众和主播聚集在同一直播间中并建立联系，实现实时性、多样性与立体性的交流互动，带给受众近似真实社会中面对面交流的亲切感受；这种亲切感的建立促使受众对这一虚拟直播间环境产生积极态度，进而促进在线信任与电子交易信任的建立，最终对受众的消费决策产生显著的积极影响。

技术研发方向的选择

VR（虚拟现实）技术，是为了在虚拟空间中营造真实世界的体验；而模拟出的虚拟世界，又创造了超越现实的体验。但是在消费场景当中，哪些现实体验需要被保留和尽量贴近真实状态，又有哪些体验需要在数字世界中完成对现实的超越？

以互联网和电子设备为依托的远程商品销售模式与线下商品展示、销售在购物体验上的最大区别恐怕就是空间阻隔带来的不确定感。对在线进行远程购物的消费者来说，线下那些极其常规的商品选择和购买决策过程，如触摸、试用、试穿以及与销售人员进行细致的沟通交流等，几乎都变得非常困难甚至无法实现。

临场化作为移动互联网时代重要的消除不确定感的手段，填补了新媒体用户对沉浸感、现场感、真实性互动的深层次需求，进而成为众多应用程序研究发展的主要方向。对网络直播来说更是如此。直播间通过个性化定制、实时弹幕互动及全景式真实体验等方式，搭建了身临其境、内容丰富、风格多元的线上虚拟场景空间。全新的虚拟互动方式正在形成。与此同时，各种沉浸式体验的软硬件技术和设备也被引入移动互联网直播中，从多个方面协同配合，消减虚拟空间中的不确定感。

随着信息传播形态的变迁和交互方式的变革，移动新媒体网络传播平台为传受双方的信息适配提供着更具个性化的服务。不断优化的、更具深度的交互体验使得直播与社交顺利地融为一体，并与全景直播技术相互结合，深化用户时空一体化、虚拟空间现实化的体验。伴随着新技术的不断发展，尤其 VR、AR（增强现实）及人工智能技术的快速普及，网络直播与场景的结合将朝着更加贴近现实并超越现实的方向发展，信息交互更加精准高效、社交活动更加简单便捷、传播环境更加沉浸拟真。以逛街、购物等日常行为为例，网络直播所构建的相关场景，为传统的电商环境购物行为增添了互动体验，拓展了信息展示和交流方式，并以极具真实感的社交体验提高社群感、增强用户黏性。

伴随着移动信息技术的不断进阶，5G 时代将为移动互联网用户带来高速率、大容量、低时延的进阶体验。曾经一度因传输条件而陷于困境的线上沉浸式体验技术［包括基于网络的 AR、VR、MR（混合现实）］又再次回温，在各领域中吸引着投资者的目光。其中电商行业在 VR 技术研发与应用上的投资布局尤为积极。以阿里巴巴为代表的电商平台正在试图借助新一代 VR 技术，将远程购物体验优化到极致，真正冲破虚拟与现实的次元壁。如果说当前的各项技术发展是为了使线上购物体验尽可能地接近现实，那么未来的虚拟购物将不再满足于对线下商业场景的数字化复刻，而是追求超越现实的体验和更高层级的便利。

然而新型感官体验技术有很多种，对新技术的运用也有众多方向，在电商领域中，应当如何选择新技术和应用发展方向？技术形式的发展变化本质是信息传播形态的变迁和交互方式的变革。电商所营造的体验需要达到的目的非常明确，即：传递商品信息，影响购买决策和触发购买意愿，并达成在线交易。那么技术的运用便要满足这样几个基本维度：首先是商品信息展示层面，需要有助于提高商品展示和信息传递效率；其次是购买意愿触发层面，需要帮助消费者发现需求，如将消费者带入需求体验场景，以及使消费者了解使用产品之后的效果或预期收获；最后，也是非常重要的一个层面，就是激活消费者的"行动活性"、提高参与度。

前两个层面通过 VR 技术很容易实现，但最后一项就需要对技术进行一些筛选和定制了。比如，电影的沉浸式体验就不适合电商。在移动影视领域中被当作发展重点的沉浸式体验和各类"解放双手"的技术，如 VR 眼镜和便携式头显等硬件设备，在直播电商中运用时需要进行调整。因为"解放双手"的概念其实并不适合电商，电商需要的恰恰是"调动双手"。影视内容的沉浸更倾向于使观众进入一种忘却身体和周遭真实事物的存在，在视听感受的牵动下充分投入情节叙事当中的状态；而直播电商需要的是激活观看者随时点击下单的活性，因此最好的做法就是将受众的手留在操作界面之上。又或者，如果想要解放"费力举着屏幕"的双手，那么直播电商就必须为观看者提供其他高度便捷的操控工具，比如动作识别、眼控和声控的工具。因此，在直播电商的未来中，沉浸式技术可以有，但"双手"（参与性）不能被"解放"。

直播电商的社交属性也会在未来继续保持并得到进阶发展。如果说电子媒介的出现带来了"消失的地域"（No sense of place）[6]，模糊了个体角色所处环境的界限，那么移动网络新媒体的出现，则对人们的有效时间进行了填充，并开启了建立全新社会关联和交往方式的新进程，一个全面扩展人类生活时空的网络

"Metaverse"（元宇宙）或将在不远的未来依托逐渐成熟的沉浸式技术而实现。这一接轨现实又超越现实的云端世界元宇宙的建立不仅仅是 VR 概念发展到极致的成果，更是人类社会数字化和线上化的必然产物。而电商将是这一虚拟平行宇宙中不可或缺的组成部分。与基础的 VR 概念相比，元宇宙的核心在于持续性、实时性、兼容性、可创造性，以及最重要的连通性。连通性的关键要素是社交化。人类活动由线下转至线上，首先被突破的便是物理空间限制，而首先被建立的，便是交流和联络。未来具备完整生态环境的云端平行世界的发展将更趋向于弱化基于地域的社会交往，而建立基于兴趣的文化圈。在这样的一个个社群和文化圈的信息传播模式下，关键意见领袖以及社交联系将在电商领域发挥更为显著的作用。

本章作者：杨静（中国科学院计算机网络信息中心助理研究员，新加坡南洋理工大学博士）

第四章

直播间的欢笑与泪水

信息技术的发展在传播渠道中催生了一场平权运动，将信息送达个体的能力不再专属于专业媒体；短视频平台的出现和智能手机的普及进一步降低了生产内容的门槛。如今普通人也拥有制作和分发内容的权利：无论身处北京、上海，抑或高山、草原，灵感涌入信号塔、飞越山海，连接你我。生产力的解放意味着变革与发展，在疫情的催化作用下，2020年直播电商市场规模突破万亿元。

　　直播电商崛地而起，却也泥沙俱下，有品牌乘着直播的东风扶摇直上，亦有商家赔得血本无归。如此惊人的变化给我们带来许多思考：主播通过直播改变的是什么？用户在直播中需要和获取的是什么？直播间里的老铁和普罗大众有多大差别？如何衡量直播的效果？直播对于商家意味着广告还是促销？直播效果的来源是什么？

众主播相：独善其身与兼济天下

独善其身

风口之上，激情与梦想不再虚无缥缈，自我实现和掌控命运的机会似乎近在咫尺。于是距离义乌2.2公里的北下朱村吸引了数万名电商从业者，他们梦想着一夜暴富，疫情稍有平息便从全国各地奔向北下朱村。主播为了卖货使尽浑身解数，北下朱村的大街小巷就如同没有观众的大型喜剧现场，街头泼水、吵架等场景时有上演，路人对此见怪不怪。向来讲究含蓄内敛的中国人在镜头面前完全放开，不顾一切来取悦粉丝，其中有对金钱的渴望，但更多的是对美好生活的热切向往。

这同样是这个时代生机勃勃的写照：经济在发展，机会在眼前，无论出身际遇，积极面对、努力拼搏就可以换来更幸福的生活。如侯悦，面对脑瘫的儿子和丈夫破产后欠下的巨额外债，并不怨天尤人，而是直面困难，以奋斗的精神和诚恳的态度打动粉丝。在快手获得流量之后，她以精心选品来服务客户，用汗水改变自己的生活。又如山东临沂喷香哥，"用柴米油盐、小酒小菜，记录平淡安稳满足的幸福小日子"，从春天挖芥菜到冬天涮羊肉，从老婆怀孕到孩子出生，喷香哥视频中细腻的表达让粉丝感受到了岁月静好。喷香哥作为美食领域的优质创作者，在西瓜视频、抖音和今日头条均有数百万粉丝，他的视频在今日头条的平均播放量为47.5万次，如图4-1所示；在抖音累计获赞超过1 200万次。喷香哥作为原创作者既获得了可观的收入，又获得了被关注和被赞赏的幸福。这样的主播还有很多，他们活跃在不同的领域，以他们的价值观和个人经历吸引粉丝，或者以专业知识获得粉丝信赖，或者以低价产品给粉丝提供福利，或者通过才艺获取关注。他们给粉丝带来欢乐，得到关注和理解；给商家带来销量，给自己带来收入和更好的生活。

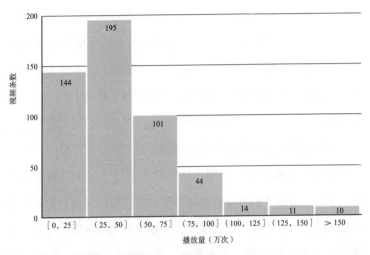

图4-1　喷香哥今日头条视频播放量分布（2018.07.26—2021.03.28）

　　辩证唯物主义的对立统一规律告诉我们，事物往往一体两面。主播行业的残酷程度丝毫不亚于它的美好程度，马太效应在直播带货中迅速产生。截至2020年12月21日，全网Top 1 000主播带货GMV约为2 557亿元，其中Top 20主播就贡献了1 064.4亿元。头部主播一场带货的销售额数以亿计；辛巴被禁之时快手出现流量真空，导致其他快手主播流量剧增，而2021年3月27日辛巴复出后进行了7个小时的直播，销售额达15亿元。而大批底部主播，满怀希望，昼夜颠倒，却收获寥寥。有的主播连播13个小时，寥寥数人围观，销量无几，却不敢间断；也有主播连播30天，销售额仅为5万元。主播收入分成呈现出严重的两极分化，光鲜亮丽背后可能只是微薄的收入。据BOSS直聘发布的《2020上半年直播带货人才报告》，71%的主播月薪在1万元以下[①]。基于某社交电商平台的随机抽样数据，我们发现主播的收入呈倒金字塔形，前10%的主播的收入是后面90%的主播收入的数十倍，如图4-2所示。此外，在货源上，头部主播货源丰富，品牌、厂家和第三方供应商（如魔筷）送货上门，而尾部主播几乎只能依靠第三方供应商。

直播带货门槛不高，一部手机就可以是一个直播间，在魔筷等直播供应链的移动应用中注册账户就可以解决货物来源问题。然而直播带货的专业性丝毫不低，连接粉丝与商品是一个非常复杂的过程：主播人设的建立，与粉丝感情的维系，选品，直播中对于产品的介绍，商业推流，供应链生产能力，售后，等等，这些需要一个团队全力且持续地跟踪和投入。即便是头部主播，在数百人的幕后团队支持下，仍然可能"马失前蹄"，伤害粉丝，如不粘锅之于李佳琦、皮尔卡丹之于罗永浩。即便本身拥有巨大影响力的主播，产品与主播不匹配或讲解不到位都有可能导致"虚假繁荣"，即直播间气氛火热，但销量寥寥。

---

① BOSS直聘发布《2020上半年直播带货人才报告》：人才需求量达到去年同期3.6倍 .（2020-06-22）. https://baijiahao.baidu.com/s?id=16701815387407616
67&wfr=spider&for=pc.

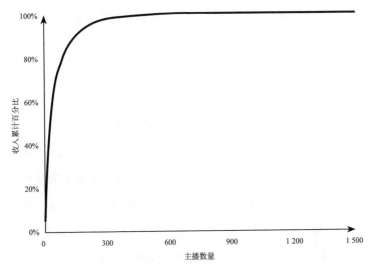

图4-2　某社交电商平台主播收入分布

注：将1 500位主播收入按从高到低排序之后计算收入累计百分比，如前10位主播的总收入在样本中所有主播收入中的占比是28%，前50位主播的收入累计百分比是63%

尾部主播常见"独行侠"及夫妻二人组。据BOSS直聘发布的《"带货经济"从业者现状观察》，44.3%的主播称团队仅有一人。如来自吉林的英姐，满怀期望地和丈夫一起投入直播，在试错和被封禁之中学习规则，一边探索一边模仿来吸引粉丝，一边打工一边维持直播，与粉丝分享自己的创业故事和心路历程。皇天不负有心人，终于一条短视频达到了将近百万的播放量，英姐趁热打铁进行了长达18个小时的直播带货，一共吸引了10.2万人次观看。直播结束之后订单仅有700单[1]，又由于供应链的限

---

[1] 直播带货退热，房租高涨，来北下朱期待暴富的人梦碎了.（2020-12-17）.
https://baijiahao.baidu.com/s?id=1686290188747175177&wfr=spider&for=pc.

制，英姐无法及时发货，导致信用分降低。英姐之前在老家卖地瓜，感受到的是一分耕耘一分收获，每多去一个地方卖地瓜，收入就会多一点儿。直播带货却并非如此。英姐自叹自怜，以被大环境裹挟的孔乙己和范进自比，梦断主播路。如同很多主播，英姐看到了风口浪尖，却没能找到浮出水面的机会。

基于某电商平台上约 9 000 名主播在 6 个月内约 21 万场直播记录及相应带货数据，我们发现 56% 的主播直接带货金额为 0 元，70% 的直播场次没有直接产生订单，而直播直接产生的订单金额中 50% 来自 Top 50 主播，如图 4-3 所示。"赢者通吃"这一现象在直播带货这一赛道里展现得淋漓尽致。

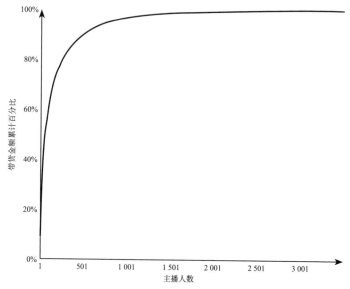

图 4-3 某电商直播带货金额累计百分比

注：类似于图 4-2，将所有主播带货金额按从高到低排序之后计算带货金额累计百分比

上述现象给我们带来了新的问题：究竟如何衡量直播带货的效果？带货金额为 0 元应该被看作失败的直播或者失败的主播吗？在理论上，我们该如何对直播带货进行归类，它是广告还是促销？是更看重短期效果，还是更看重长期效果？我们将在本章第三节对这些问题进行深入探讨。

兼济天下

或有意或无意，主播对品牌、行业和地区都产生了巨大的影响。这无形中跟国人追求的"穷则独善其身，达则兼济天下"是一脉相承的。一个主播在商业上越成功，给粉丝带来的福利就会越多，能够影响的人群和地域也越广。

一个主播就可以推动一个新品牌的成功。2019 年 3 月，李佳琦直播推荐花西子散粉，将其推上当月天猫淘宝品类 Top 1。2019 年"双 11"期间，作为花西子首席推荐官的李佳琦在直播间全程推荐花西子，仅散粉就售出 70 余万件。李佳琦的频繁推荐为花西子带来了庞大的流量，在李佳琦直播间出现过的花西子产品的月销量是其他花西子产品销量的 10~200 倍。天猫花西子旗舰店 2019 年"双 11"期间销售额达 1.9 亿元，而 2018 年全年销售额仅为 4 319 万元。据相关数据，2020 年 1—2 月天猫花西子旗舰店的 40% 的销量来自李佳琦直播间。2020 年 1—7 月，花西子在李佳琦 118 场直播中出现了 45 次。[①]

---

① 从查无此人到年售 10 亿 +，花西子做对了什么？（2020-03-25）. https://www.163.com/dy/article/F8J1U9Q70518MT64.html; 想要摆脱李佳琦的花西子 .（2021-04-07）. https://m.thepaper.cn/baijiahao_12071750.

主播还可以帮助一个品牌度过至暗时刻。2020年新冠肺炎疫情期间，新冠病毒将人们"冰封"在家，线下门店门可罗雀。仅2月初林清轩全国337家门店就关闭了40%。为了转危为机，林清轩CEO孙来春在2月4日硬着头皮"撞"进直播间，讲述林清轩的故事，分享林清轩应对疫情的做法，回答网友关于产品和护肤的各种问题。孙来春的第一次直播就有6万人次观看，销售额达40万元，这相当于一间林清轩直营门店在发达城市两个月的业绩①。在一系列举措的配合下，短短两周后，林清轩销售额就超过了上年同期。孙来春的成功带动了CEO直播的风潮，如麦当劳中国区CEO线上直播新品"麦麦脆汁鸡"，红蜻蜓、雅戈尔、波司登等企业创始人也纷纷开通直播。单场带货的销售额并不重要，重要的是事件本身的社会影响力，以及其在加速企业拥抱变化的进程中发挥的作用。

直播这种新型销售方式可以让一个品牌短时间内变得流行，也可以帮助一家公司迅速转危为安。因此，主播对于区域经济同样能够产生显著影响。广西钦州市灵山县的"巧妇9妹"甘有琴在网络上分享农村生活，原生态的生活和农村仍保留下来的风土人情使得甘有琴获得了大批网友的喜爱。甘有琴每日更新，在西瓜视频有430万粉丝，累计获赞1 409万。灵山县盛产水果，但由于交通和销售渠道的问题，时有滞销，给当地经济造成了巨大

---

① 北京大学光华管理学院教授刘宏举、研究员吴俊霞：《林清轩（A）——国产品牌升级之路》（案例编号：MKT-1-20201216-210）；《林清轩（B）——数字化转型》（案例编号：MKT-1-20201216-211）。

损失。甘有琴在短视频里宣传家乡的农产品并在多家电商平台开通了销售渠道，帮助乡亲们销售果蔬。2018 年 4 月，甘有琴向粉丝推荐茂谷柑，一天之内卖出 6 万千克。她还曾创下一夜卖出 15 万千克滞销芒果的纪录。2019 年，甘有琴帮助家乡销售 1 200 万千克农产品，销售额超 3 000 万元[①]。同样地，来自甘肃的全国人大代表梁倩娟通过网络直播帮助乡亲们脱贫，已帮助周边 300 多户群众改善经济条件[②]。这正是所谓的"兼济天下"。

江苏连云港海头镇，原本名不见经传，得益于直播经济的发展，依靠全民直播，在快手平台上成为快手播放量第一镇。2018 年该镇在直播平台上的播放量达 165 亿次，远超排名第二的横店。海头镇拥有 3 000 多名网红，2019 年全镇直播卖货销售额高达 50 亿元。主播挖空心思吸引观众，譬如"吃货大胃王"匡立想在船上搭好灶台，刚出锅的海鲜就往嘴里填，牙龈烫伤仍高呼"老铁双击"。主播并不仅仅满足于直播带货，他们往上游发展，趁着热度拉起团队，建立自己的厂房，将业务沉淀下来。与此同时，急剧上升的销售额也推动了小镇基础设施的发展，如供电、物流、仓储等，这为小镇的可持续发展奠定了基础[③]。

主播作为直播经济的枢纽，将信息传递给粉丝的同时也增进

① 年销农货 1200 万斤，"巧妇 9 妹"国新办记者会分享扶贫故事. (2020-10-14). https://www.sohu.com/a/424591585_114984.

② 梁倩娟：电商助力乡亲圆了脱贫梦. (2020-12-11). http://www.npc.gov.cn/npc/c30834/202012/f108b15b01934033b1bcc20d25bbc92b.shtml.

③ 3000 名网红年入 50 亿，"不眠海鲜镇"背后，那些"拼命"的主播们. (2020-07-08). https://www.jiemian.com/article/4641924.html.

了地域间的了解，成千上万的主播就如同一张网络将无数粉丝联系起来，把各种信息迅速传递到相应的市场和消费者手中。信息流动正是区域间经济活动发生的必要条件。直播平台释放了广大人民群众的内容生产能力，同时也拓宽了信息传递渠道，从而进一步打破人与人之间连接的阻碍。自由流动的信息就意味着发展，这种发展顺应的是整个社会谋求发展与进步的集体意志，不以个人意志为转移。"兼济天下"依赖的是直播这种形式和孕育直播的这片土壤，并不依赖于单个主播是否心怀大众，更不会因为某些主播以次充好、以假充真就消失掉。

老铁与大众：感性与理性

如前所述，2018 年快手某知名主播一场 24 小时 1.6 亿元销售额的直播卖货展示了粉丝经济的潜力，为直播平台的商业变现拓展出了一个新的方向。粉丝经济是一种影子文化经济，受主流文化影响的同时又有自己的特征。[1] 粉丝通常对一个物体或者人盲目崇拜，甚至对其产生如宗教信仰一般的情感依赖和投入。[2,3] 粉丝有着强烈的身份认同需求，他们包容又排他，对于群体内部的同伴较为包容，但会极力维护粉丝群体与大众的分界线。他们愿意为偶像投入大量的时间和金钱，甚至为了偶像去发展新的粉丝。他们在帮助偶像成长的同时又会影响偶像的前进方向，将偶像融入自己的生活中。[4] 从 1990 年针对粉丝的电视广告，2000 年之后的超级女声，到 2010 年之后的微博、快手和抖音，从音乐订阅、体育比赛门票到粉丝为偶像打榜，偶像对粉丝的影响越来越大，粉丝对偶像和企业的影响也越来越大。在"新疆棉花"事件中，相关明星纷纷与涉事品牌解约，其中既有明星的爱国情怀的体现，也有粉丝团检查明星代言的影子。根据艾瑞咨询和 IMS 天下秀联合发布的报告，粉丝经济关联产业规模在 2019 年超过 3.5 万亿元，2023 年预计达到 6 万亿元[①]。

与传统的明星-粉丝模式相比，直播带货中粉丝与主播（即"网红"）的关系又有所不同。首先，多数情况下，主播与粉丝一样都是普通人，主播的影响力基本源自他的粉丝；而明星不同，明星通过作品可以影响更为广大的受众，粉丝可能只是其中一小部分。其次，主播可以看作是庞大粉丝群体的代表，代表粉丝与厂商及品牌议价；而明星代表的更多是公司，与公司一起向消费者传递信息，如品牌调性、产品质量及价格等。最后，主播与粉丝的互动更加频繁、平等；而多数情况下，明星与粉丝并不平等，互动是单向的。

给定这些差异，我们不禁要问，在直播带货中的粉丝跟我们印象中的"粉丝经济"有哪些差别呢？他们还会那样感性吗？"老铁"（即直播电商用户）与其他人的决策模式是一致的吗？基于此，我们设计了如下调研：使用同一套问卷从两种渠道来分别调研两组人群——老铁与大众消费者，以了解他们在社交电商直

---

① 艾瑞咨询，IMS 天下秀 . 中国红人经济商业模式及趋势研究报告 . 2020.

播（如快手、抖音）和传统电商直播（如淘宝、京东）中的行为差异。

老铁与大众

首先我们在专业数据调研平台 Credamo 上收集数据，调查对象为 1 200 位该平台的注册用户，实际收回问卷为 1 150 份。数据搜集时间为 2020 年 2 月 20—22 日。其次我们在魔筷微信公众号上向 130 万活跃粉丝推送上述调研平台的调查问卷链接，最后获得 348 份问卷。数据搜集时间为 2020 年 3 月 3—10 日。

我们认为两批调研群体的差异反映出的是大众消费者和老铁的差异。Credamo 的样本库是为一般化的市场和学术调研而设计的，我们认为他们是一般的大众消费者；魔筷微信公众号的粉丝是直播电商平台的用户，快手用户居多，我们认为这些是老铁用户。通过公众号回收的 348 份问卷中仅有两位是调研平台注册用户，因此我们可以认为两组样本是相对独立的。表 4-1、图 4-4—图 4-6 是两组样本的人口统计信息。

表 4-1　年龄及性别

统计指标	老铁（N=348）		大众（N=1 150）	
	均值	标准差	均值	标准差
平均年龄	35	28	28	11
女性比例	0.53	0.48	0.48	0.49

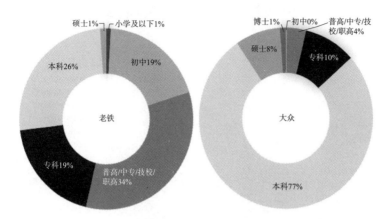

图4-4 样本学历分布

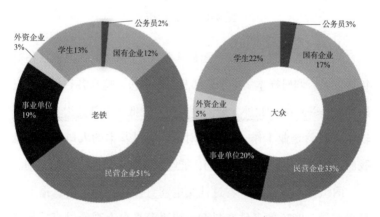

图4-5 职业分布

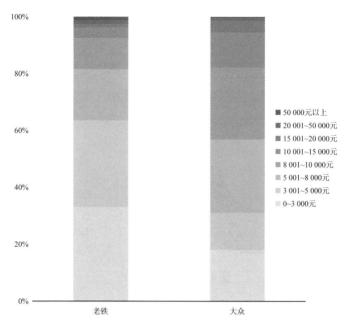

图 4-6　收入分布

图例（从上到下）：
50 000元以上
20 001~50 000元
15 001~20 000元
10 001~15 000元
8 001~10 000元
5 001~8 000元
3 001~5 000元
0~3 000元

　　两组样本在性别比例上无显著差别（p=0.10），但老铁相对年龄较大。调研样本集中于东部及沿海省份，这与各省份经济发达程度是一致的。此外，老铁学历相对较低，大部分为本科以下，较多在民营企业工作，收入相对低。通过基本的人口统计信息，我们认为该样本是有代表性的，能够反映出老铁与大众的差别。

　　两组样本在是否观看过社交电商直播和传统电商直播上有显著差异。88%的老铁在抖音、快手等平台上观看过直播带货，而仅有68%的老铁在淘宝、京东等传统电商平台上观看过直播带货。老铁更愿意通过社交电商进行购买，而大众相对更愿意通过传统电商直播进行购买，如表4-2所示。在观看频率和购买频率上，老铁比大众更频繁地观看直播——无论是社交电商还是传统电商，如图4–7所示；老铁更愿意在社交电商上花钱[①]（36% 社交 vs. 32% 传统），大众更愿意在传统电商上花钱（32% 社交 vs. 41% 传统），如图4–8所示。

表4–2　直播观看历史及购买

	老铁（N=348）		大众（N=1 150）	
	社交电商直播	传统电商直播	社交电商直播	传统电商直播
是否观看	87.93%	68.39%	97.04%	98.00%
是否购买 *	97.71%	81.93%	88.98%	94.14%

·基于观看

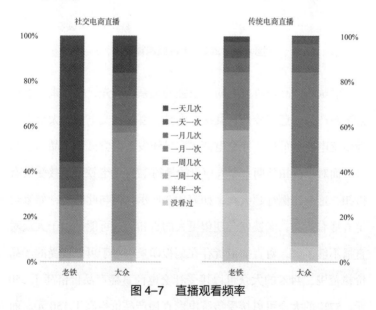

图4–7　直播观看频率

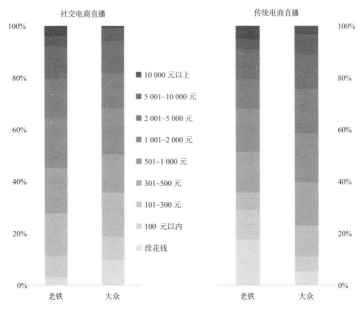

图 4-8　2020 年直播购物支出

　　尝试新产品与收入之间有较强的关系。首先，整体来说老铁尝试新产品的意愿较低；其次，老铁更喜欢社交电商，大众更偏爱传统电商；最后，社交电商更容易激发人们尝试新产品的意愿。

　　而对于折扣预期，令人惊讶的是约 17% 的老铁可以接受没有折扣，这一比例远超大众，如表 4-3 所示。但与此同时，如果给定直播有折扣，老铁就会期望更大的折扣。这可能是由于大众对直播不够了解，对直播带货存在刻板印象。对于可以接受的产品价格范围，44% 的大众可以接受社交电商直播产品价格高于 150元，57% 的大众可以接受传统电商直播产品价格高于 150 元。而对老铁来说，这两个数字分别为 38% 和 45%，如图 4-9 所示。

表 4–3 尝试新产品的意愿，折扣预期，
对主播的亲密感和平台的信赖程度

	老铁（N=348）		大众（N=1 150）	
尝试意愿	社交电商直播	传统电商直播	社交电商直播	传统电商直播
不会尝试	2.61%	5.88%	3.85%	1.86%
不确定	11.44%	17.23%	2.60%	2.22%
可能会尝试	59.80%	53.36%	75.36%	70.90%
一定会尝试	26.14%	23.53%	18.19%	25.02%
折扣预期	社交电商直播	传统电商直播	社交电商直播	传统电商直播
1~2 折	16.01%	18.91%	1.25%	0.98%
3~4 折	17.65%	16.81%	6.72%	7.01%
5~6 折	32.03%	28.57%	42.29%	32.39%
7~9 折	17.32%	18.91%	43.91%	52.88%
无折扣	16.99%	16.81%	5.82%	6.74%
与主播关系变化	社交电商直播	传统电商直播	社交电商直播	传统电商直播
更亲密	68.63%	52.52%	77.33%	68.68%
更疏远	0.65%	0.42%	1.52%	1.60%
无变化	30.72%	47.06%	21.15%	29.72%
信赖程度（1~7）	4.65 （1.42）	4.75 （1.32）	4.90 （1.12）	5.53 （0.98）

在亲密关系上，与老铁相比，更多的大众会觉得在购物后与主播的关系变得更加亲密；这种亲密关系的增强在社交电商中比传统电商中更加强烈。这反映出了社交电商的特点。至于信赖程度，大众更信赖传统电商（diff=0.63，$p<0.001$），而老铁对两者的信任程度都比较低，但程度是相同的。相比于老铁，大众对两种电商整体上来说更加信赖。

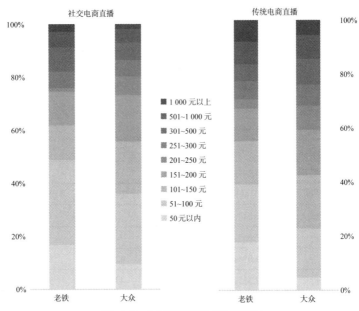

图 4-9　可接受的产品价格范围

　　基于上述调查结果，我们认为，对社交电商直播来说未来转型的方向之一是摆脱折扣预期和低价预期，提高消费者的信任程度，这样才有可能实现更高的利润率，吸引更多的品牌参与直播带货。

感性 vs. 理性

　　出于经验，媒体认为粉丝从情感出发进行消费[①]，但在直播带货中的"偶像"（即主播）与粉丝经济中传统意义上的"偶像"

---

① 　推动"粉丝经济"行稳致远 .（2019-12-02）. http://travel.people.com.cn/n1/
　　2019/1202/c41570-31484622.html.

（即明星）是有较大差异的：主播与粉丝之间更加相似，更加平等，交流也更加频繁。那么对于主播，情感消费还会是主要驱动因素吗？相关从业者认为私域流量是新的增长点，私域流量代表的是极致信任[①]。但根据我们的调研，老铁对于直播电商的信任均低于大众，而且老铁对于社交电商的信任程度也并未超过传统电商。

因此，了解消费者在直播带货中感性与理性的一面十分重要：在社交电商和传统电商中，影响消费者观看的因素是否有差别？影响消费者购买的因素是否有差别？与产品、价格、服务等因素相比，主播本身究竟有多重要？对于这些问题的了解可以帮助我们进一步理解直播电商中的粉丝经济的特点，对于业界实践也有一定的指导意义。

在调研中，两组样本分别对相应的观看和购买因素进行排序，如图 4-10 所示。之后我们针对消费者的排序来计算每个因素的重要性。以观看因素为例，在大众样本中，37% 的人认为因素1——"购买产品"最重要，16% 的人认为因素 3——"获得折扣和优惠"最重要，15% 的人认为因素 2——"满足社交需求"最重要，12% 的人认为因素 4——"获取产品信息"最重要，9%的人认为因素 5——"娱乐、打发时间"最重要等；因此，大众样本中排名第一的因素（即相应的众数）为因素 1——"购买产

① 快手电商 人设江湖 .（2021-04-01）. https://finance.sina.com.cn/chanjing/gsnews/2021-04-01/doc-ikmyaawa3467263.shtml；快手电商：公域已"死"，得私域者得天下？！（2021-03-30）. https://mp.weixin.qq.com/s/ue67S0mC7Ahf55vsKRqxEA.

品"。以此类推，排序结果，如表4-4所示。

Q15 你观看社交电商直播的原因有哪
些？（请按照原因的重要程度排序）
［排序题］

购买产品

满足社交需求

获得折扣和优惠

获取产品信息

娱乐、打发时间

好奇

其他

Q16 哪些因素会影响你在社交电商直播上购
买产品？（请按照影响的重要程度排序）
［排序题］

产品价格

产品品牌

与主播的关系

产品的售后保障

平台的安全性

产品质量

主播的专业能力

其他

图4-10　调研问题示例

表4-4　观看因素重要性排序

按众数排序	老铁		大众	
	社交电商直播	传统电商直播	社交电商直播	传统电商直播
1. 购买产品	1	1	1	1
2. 满足社交需求	5	4	4	4
3. 获得折扣和优惠	2	3	2	2
4. 获取产品信息	3	3	3	3
5. 娱乐、打发时间	1	5	5	5
6. 好奇	6	6	6	6
7. 其他	7	7	7	7

观看因素的调研结果告诉我们，老铁对于社交电商和传统电商是区别对待的，而大众的观看决策模式不随平台而变化。具体来说，老铁观看社交电商直播时关心的是自己的娱乐和社交需求是否得到满足，之后才是折扣信息；而对于传统电商直播，老铁更关注产品信息和折扣，对于娱乐的需求并不高。而对大众来说，他们在观看社交电商直播和传统电商直播时关心的因素是一致的，排在前四的依次是购买产品、获取产品信息、满足社交需求和获得折扣和优惠。

而当进行购买决策时，老铁和大众考虑的品类相似并且都非常的理性，如表4-5和表4-6所示。无论是社交电商还是传统电商，排名前三的购买因素是完全相同的：价格、品牌和产品质量。大家认为平台的安全性及产品的售后保障比"与主播的关系"更重要。

表4-5 购买因素重要性排序

按众数排序	老铁		大众	
	社交电商直播	传统电商直播	社交电商直播	传统电商直播
1. 产品价格	1	1	1	1
2. 产品品牌	2	2	2	1
3. 与主播的关系	7	7	7	7
4. 产品的售后保障	3	3	5	4
5. 平台的安全性	4	5	4	4

按众数排序	老铁		大众	
	社交电商直播	传统电商直播	社交电商直播	传统电商直播
6.产品质量	2	2	2	2
7.主播的专业能力	7	7	7	7
8.其他	8	8	8	8

表4-6　是否考虑某品类

	老铁（N=348）		大众（N=1 150）	
	社交电商直播	传统电商直播	社交电商直播	传统电商直播
1.家用电器	37%	36%	30%	53%
2.电子产品	36%	39%	46%	63%
3.美容护理	50%	38%	47%	50%
4.服饰配件	68%	52%	67%	68%
5.食品饮料	67%	52%	71%	70%
6.鞋帽箱包	44%	38%	46%	52%
7.母婴产品	24%	20%	9%	15%
8.其他	9%	6%	2%	1%

与购买决策一致的是老铁和大众对于带货主播的评判标准，如表4-7所示。首先是主播的核心能力，即专业性和产品知识；其次才是知名度和个人魅力，而外表吸引力并不是那么重要。俊男美女固然吸引眼球，但是在进行消费时，大家关心的仍然是产品。

表 4-7　是否看重某种特质

	老铁（N=348）		大众（N=1 150）	
	社交电商直播	传统电商直播	社交电商直播	传统电商直播
1. 直播的专业性	67%	53%	74%	81%
2. 对产品的了解程度	77%	60%	84%	89%
3. 风趣幽默	47%	35%	54%	43%
4. 与自己的相似度	22%	20%	28%	30%
5. 知名度	31%	30%	51%	56%
6. 外表吸引力	25%	20%	26%	23%
7. 其他	8%	5%	1%	0%

　　综上所述，老铁的确有感性的一面，他们更加依赖社交电商平台来满足自己的社交和娱乐需求。但是我们同时更应该看到的是，老铁是非常理性的，理性压倒感性。他们在进行购买决策时更加关心的因素仍然是：价格、品牌和产品质量。这些考虑的因素与大众的关切并无二致，但这与业界从业者认为的私域流量中的极致信任似乎并不一致。

　　在一定程度上，我们或许需要重新思考直播带货中的主播–粉丝关系，因为它与传统的粉丝经济是有差别的。可能出于主播与粉丝之间较为平等和频繁交流的原因，老铁在购物时仍然是理性消费，其感性并没有压过理性。而对大众消费者来说，他们需要的是质优价廉且有售后保障的产品，他们当然享受主播的专业讲解和直播的娱乐功能，但他们并不在意提供这些功能的是社交电商还是传统电商。

　　社交电商与传统电商竞争的路还有很长，社交电商需要针对老铁将"私域流量中的极致信任"落地，需要在竞争中吸引更多的社会大众，找到自身独特、变现能力强且可以持续变现的道路。

主播与商家：日光之下有新事？

　　直播带货可以帮助商家找到数量巨大、持币待购的消费者，如 2019 年某头部主播和流量明星进行助农直播，20 万千克内蒙古扎赉特大米 5 秒售空，来自安徽的核桃和河北的燕麦也在几秒内售罄；2020 年，某影视明星在头部主播的直播间，一次 5 秒倒数便卖掉了 20 万张电影票，当晚共计销售 66 万张电影票。立竿见影的销量数据和快速爆红的品牌范例吸引了大批商家投身直播间，为了短短几分钟的主播介绍机会，商家支付数十万元坑位费，之后还会根据销售额付给主播一定比例的佣金。直播潜在的高额回报既吸引了草根出身的网红，又吸引了众多的明星。然而直播对于销售并非是灵丹妙药，并非所有的直播间都能够成功地卖出产品。明星带货失败的新闻屡次见诸报端，高额的坑位费换来的可能是寥寥无几的销量和较高的退货率。例如，在我们收集的 20 万场直播数据里有 70% 的直播场次没有直接产生订单，56% 的主播直接带货金额为 0 元，或许正是因为这样，有直播电商从业者认为私域流量重过公域流量，而商家也更喜欢佣金模式，对于坑位费越来越抵触。[1]

与此同时，一个值得反思的问题是：销量是直播的重中之重吗？直播间的销量能否当作衡量直播带货效果的唯一指标？明星代言一直以来被商家视作非常有效的品牌建设及推广工具，各大品牌愿意付出千万元的代言费来邀请明星代言，增加品牌的曝光率，提升品牌，提高产品的长期销量。虽然主播对于商家销量可能存在一定的促进作用，但我们的调研发现无论是老铁还是其他人在进行购买决策时仍然是理性的，他们关心的仍然是产品价格、质量和服务，与主播的关系并不是最重要的因素，如表4-5所示。与购买决策一致的是老铁和其他人对于带货主播的评判标准，如表4-7所示，首先是主播的核心能力，即其专业性和产品知识，其次是知名度。在理论上，产品进入直播间可以看作是广告曝光，通过直播触及了有购买能力和消费意愿的人群，消费者在了解产品知识之后完全有可能过一段时间去商家店铺下单。对商家来说，广告意味着品牌建设、更长久的销售量以及比直播间更高的利润率，一个更平滑的需求曲线对于售后和供应链的压力也会更小。

基于此，我们究竟应该怎样衡量主播的带货效果，是广告还是促销？是私域流量为王，只看直播间销量，还是要同时考虑长期销量？直播效果的来源是什么？

---

[1] "坑位费"没了，直播还香吗？（2020-10-15）. https://www.sohu.com/a/425112 026_745286.

广告还是促销?

为了解直播对于商家的影响，我们从某电商平台收集了6 000多家商家2020年2—5月的详细订单数据以及同一时间内的直播记录。其中1 000家左右商家在4月开通直播，3 000多个商家在7月开通直播，2 000家左右的商家9月仍未开通直播。基于商家每天的销售量及销售额数据，我们以4月开通直播的商家为实验组，以其他5 000家左右的商家为对照组进行分析。目的是分析直播是否能够提高商家销量，如果存在提高效果，那么这种效果如何归类，以及这种效果的来源是什么。因此，基于数据特点，我们采用双重差分模型来分析商家开通直播之后相对于其他商家的每日订单变化情况:

$$log(Volume_{jt}) = \beta_1 Treat_j * Post_{jt} + \beta_2 \text{店铺}_j + \beta_3 \text{日期}_t + \text{误差项}_{jt}$$

$$log(Sales_{jt}) = \beta_1 Treat_j * Post_{jt} + \beta_2 \text{店铺}_j + \beta_3 \text{日期}_t + \text{误差项}_{jt}$$

这里 $Treat_j$ 代表的是开通直播的商家，当商家 j 是4月开通直播的卖家时取值为1，其他为0;$Post_{jt}$: 直播之后，即当日期 t 位于商家 j 开通直播之后为1，其他为0;店铺$_j$是店铺的固定效应，用来控制店铺之间的差别;日期$_t$是日期的固定效应，用来控制不同日期的差异。

基于上述回归，我们发现与未开通直播的商家相比，开通直播的商家的销售量(Volume)和销售额(Sales)均有显著增长。此结果比较稳定，基于全样本和倾向评分匹配之后的样本得出的结果是一致的。换句话说，回归结果告诉我们直播对于商家是有好处的：给定两个相似的商家，其中一个开通直播之后销售量和销售额都会显著增加。表4-8还反映出如下两点：一是直播带来的增长效应主要集中在直播当天，之后明显下降；二是销售量大幅增加，但销售额增加幅度较小，这主要是由于打折和卖出了更多的低价商品。

表4-8　直播与销量回归结果

	log(Volume)		PSM：log(Volume)		log (Sales)		PSM：log(Sales)	
	（1）	（2）	（1）	（2）	（1）	（2）	（1）	（2）
Treat*Post	0.42*** （0.04）		0.45*** （0.04）		0.22*** （0.03）		0.26*** （0.03）	
Treat*Post 1		1.90*** （0.12）		1.91*** （0.12）		1.08*** （0.07）		1.10*** （0.07）
Treat*Post 2		0.09*** （0.02）		0.09*** （0.02）		0.03 （0.02）		0.05* （0.03）
数据量	750 200	750 200	284 108	284 108	750 200	750 200	284 108	284 108
决定系数	0.71	0.72	0.65	0.68	0.68	0.68	0.70	0.71

　　注：*Post*1 和 *Post*2 将直播开通之后的日期分为两组：有直播的日期，*Post*1 为 1，*Post*2 为 0；没有直播的日期，*Post*2 为 1，*Post*1 为 0

　　PSM 是指倾向匹配得分，用以选择与实验组相似的控制组，即在未开通直播的商家分组中筛选出与开通直播商家相似的商家

　　店铺-日期层面聚类标准误差；所有回归均已控制店铺及日期固定效应

　　$+p < 0.1$, $* p < 0.05$, $** p < 0.01$, $*** p < 0.001$

　　与此同时，我们对日期进行更细致的划分来估计直播增长效应的动态变化，直播当天（t0），直播之后第一天（t1），以此类推。如若一个卖家在开通直播之后多次直播，那么就在直播当天

将时间归零重新计算，具体结果，如图 4-11 所示。直播对于销售量的提高效应可以持续一周左右，直播次日仍有比较强的持续效应，但是在第三天和第七天之后分别有明显下降。

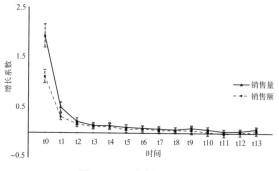

图 4-11　动态增长效应

图 4-11 中的销售量和销售额的变化还告诉我们，直播对于两者的影响略有不同：在直播当日和次日，销售量的增长显著高于销售额的增长，但从直播结束第二天开始两者的增长基本一致。这可能是由于商家在直播时习惯使用低价产品进行引流，于是直播带来的曝光效应在一开始更多地集中在低价产品中。

当今电商平台有着完善的数据追踪和记录技术，所以我们确切地知道一个订单是否是直播订单，订单里的产品是否来自直播以及具体来自哪个直播间。为了进一步确定主播对商家销量和销售额的影响，我们从数据中剔除所有通过直播销售的产品，重新汇总数据并进行分析。我们的假设如下：如果主播对于商家的影响更多的是广告效果，那么广告效果带来销量增长更多的是来自非直播订单，而不是直播订单。回归结果，如表 4-9 所示，剔除直播订单对于我们的系数估计影响比较小，也就是说，主播对于商家的影响更多地依靠直播间以外的订单，而非直播间的订单。

表 4-9　剔除直播订单后的回归结果

剔除直播订单	PSM: log (Volume) 否		PSM: log (Volume) 是		PSM: log (Sales) 否		PSM: log (Sales) 是	
	（1）	（2）	（1）	（2）	（1）	（2）	（1）	（2）
Treat*Post	0.45*** （0.04）		0.39*** （0.03）		0.26*** （0.03）		0.23*** （0.03）	
Treat*Post 1		1.91*** （0.12）		1.62*** （0.11）		1.10*** （0.07）		0.95*** （0.06）
Treat*Post 2		0.09*** （0.02）		0.09*** （0.02）		0.05* （0.03）		0.05+ （0.03）
数据量	284 108	284 108	284 108	284 108	284 108	284 108	284 108	284 108
决定系数	0.65	0.68	0.66	0.68	0.70	0.71	0.70	0.71

　　注：*Post*1 和 *Post*2 将直播开通之后的日期分为两组：有直播的日期—*Post*1 为 1，*Post*2 为 0；没有直播的日期—*Post*2 为 1，*Post*1 为 0

　　PSM：PSM 是指倾向匹配得分，用以选择与实验组相似的控制组，即在未开通直播的商家分组中筛选出与开通直播商家相似的商家

　　店铺-日期层面聚类标准误差；所有回归均已控制店铺及日期固定效应

　　$+p < 0.1, \ * p < 0.05, \ ** p < 0.01, \ *** p < 0.001$

　　上述分析结果显示直播的广告效果较强，对于直播效果的衡量不要局限于直播间产生的订单数。商家不应该过多地看重主播在直播时产生的订单数，而应同时关注直播间以外和长期的订单变化。换句话说，带货金额为 0 元的直播未必是失败的直播，56% 的带货金额为 0 元的主播也未必是失败的主播。此外，商家或许需要慎重选择进入直播间的产品，如果是低价产品，那么

长期受益的会是低价产品，这未必是商家想要的。最后，分析结果在一定程度上也支持了淘宝、京东等平台推行的店家自播政策[1]，以及抖音对于抖音小店 5% 佣金比例的政策设定。

直播效果来源

那么主播究竟是如何影响商家销量的呢？我们认为理论上可以将商家每次直播都看作一次广告曝光，那么我们可以根据直播记录来计算出直播带来的曝光效果：假如商家 j 在日期 t0 借助某主播进行了直播带货，该主播一共有 500 名观众，收集到了 486 个赞以及 46 条评论，那么这就是商家 j 在日期 t0 得到的曝光；如果商家 j 在日期 t1 继续直播，那么商家 j 在日期 t1 得到的曝光就是日期 t0 的曝光乘以一定的衰减系数再加上它在日期 t1 得到的新曝光。如表 4-10 所示，在得出的曝光变量加入回归后，第（2）栏中的交互系数均变为不显著，即曝光变量可以解释销量和销售额增长。因此，我们得出结论，曝光可以完全解释直播效果。

表 4-10　直播曝光与销量增长

	log (Volume)			log (Sales)		
	（1）	（2）	（3）	（1）	（2）	（3）
Treat*Post	0.45*** (0.04)	–0.00 (0.03)	0.12*** (0.02)	0.26*** (0.03)	–0.01 (0.03)	0.07** (0.03)
曝光变量	否	是	否	否	是	否
商家–主播匹配系	否	否	是	否	否	是

---

[1] 店家自播，或成为直播带货新趋势 .（2020-12-11）. https://www.sohu.com/a/437659512_124343.

	log (Volume)			log (Sales)		
	（1）	（2）	（3）	（1）	（2）	（3）
数据量	284 108	284 108	284 108	284 108	284 108	284 108
决定系数	0.65	0.71	0.68	0.70	0.71	0.71

注：PSM：PSM 是指倾向匹配得分，用以选择与实验组相似的控制组，即在未开通直播的商家分组中筛选出与开通直播商家相似的商家

店铺–日期层面聚类标准误差；所有回归均已控制店铺及日期固定效应

$+p < 0.1$, $* p < 0.05$, $** p < 0.01$, $*** p < 0.001$

基于对直播行业的理解，我们认为主播与商家的匹配是非常重要的，即主播是否了解商家产品所在的品类，主播在相应的品类中是否有足够的经验。我们用商家和主播在品类上的匹配系数来测量主播与商家的匹配。例如主播 A 曾经为 5 个品类带货，商家 B 提供 10 个品类，主播 A 和商家 B 有 3 个品类重合，那么商家与主播的匹配系数是 0.6，主播与商家的匹配系数为 0.3。我们将匹配系数加入回归中并发现，如表 4–10 第（3）栏所示，匹配系数可以用来解释大部分的直播效果。

基于表 4–9 及 4–10 的分析，我们可以看到直播对于店家的影响并不是促销，但与广告也有不同。与此同时，直播效果的主要来源是主播和商家的匹配。换句话说，选择一个合适的主播，这次直播就成功了一大半。

主播类型对比

淘宝、京东等平台近段时间以来都在推行店家自播政策，店

家自播的优点在于可控性高，协调成本低。据毕马威调研，64%以上的商家表示在自己的直播间带货效果更好。2020年"618"期间，商家自播GMV占淘宝整体直播GMV的70%。虽然上述举措和数字反映的是淘宝本身，不完全代表整个直播行业，但这个趋势促使我们去了解不同的主播直播效果有何异同，以及直播效果的来源是什么。

我们将主播分为三种类型进行分析：头部主播，即直播带货成交金额排名在前10%的主播；自有主播，即店铺自播；一般达人主播，即其他为商家带货的独立主播。之后我们通过回归分析来测量不同主播直播时对于店铺的影响，如表4-11所示，头部主播和自有主播的直播效果相对更好，两者对于商家的销售量和销售额均有更强的促进作用，而一般达人主播对于商家销售量的促进作用相对较弱。这可能是由于头部主播能够带来更多的流量和曝光，店铺自播可以更好地讲解店铺的产品，即更好的匹配。当然，与预期一致的是，头部主播对于销售量和销售额的刺激作用均强于店铺自播。

表4-11　三种主播对比

	PSM：log (Volume)	PSM：log (Sales)
店铺自播	0.91*** （0.08）	0.48*** （0.049）
头部主播	2.82*** （0.26）	1.70*** （0.153）
达人主播	0.20*** （0.03）	0.10*** （0.03）

	PSM：log (Volume)	PSM：log (Sales)
数据量	284 108	284 108
决定系数	0.68	0.70

注：PSM：PSM 是指倾向匹配得分，用以选择与实验组相似的控制组，即在未开通直播的商家分组中筛选出与开通直播商家相似的商家

店铺-日期层面聚类标准误差；所有回归均已控制店铺及日期固定效应

$+p < 0.1, * p < 0.05, ** p < 0.01, *** p < 0.001$

本章作者：楚燕来（中国人民大学商学院市场营销系助理教授）

刘宏巍（北京大学光华管理学院市场营销系教授）

第五章

直播电商的供应链

直播电商兴起，各类商家纷纷入场：有淘宝天猫的存量商家，也有各地线下批发市场中的摊主；有线上的品牌旗舰店，也有线下的商场购物中心；有新兴品牌，也有工厂原单。直播电商究竟给各类商家带来了哪些新机会？大家又面临哪些挑战？谁最能适应直播电商的货品需求？直播电商的供应链又该如何组织？本章试图初步回答这些问题。

各类商家的直播电商新机会

作为零售和电商行业的新形态，直播电商行业近几年市场规模快速扩大，已经成为重要的风口。这种新的业态不仅为一众主播提供了改善生活乃至阶层跃迁的机会，也为商家创造了增量价值，这包括全新的用户和用户时长、全新的供需匹配和转化方式以及可能的商业或业务创新机会。

全新的用户群体和用户时长

随着中国网民数量的不断增长，互联网和移动互联网渗透率逐渐见顶，互联网行业已经进入用户时长的争夺战中。淘宝早在2016年就启动了内容化战略，联动平台商家探索如何利用图文、短视频和直播等内容形态来补充和改造已有的电商业务。这种改造将淘宝平台的核心价值从交易（淘宝和支付宝）和履约（菜鸟）环节进一步拓展到发现和决策环节；这提升了用户使用淘宝的频次，拉长了用户在淘宝内的停留时长。在2021年淘宝逛逛内容生态创作者沟通会上，淘宝官方透露，每月已经有超过一半的用户在淘宝浏览内容，用户消费内容的时长占淘宝使用时长的比例已经超过 1/3。

在用户时长的争夺中，短视频平台可谓是异军突起。快手和抖音依赖丰富的短视频和直播内容以及各自独特的体验积累了数以亿计的用户，并且不断占据用户的上网时长。根据快手官方 2021 年 6 月的数据，用户日均使用快手的时长已经达到99 分钟。根据 QuestMobile 的数据（《2020 中国移动互联网年度大报告》），2020 年 12 月头条系和快手系（短视频领域的第一名和第二名）在移动互联网活跃用户总时长中的占比合计已经达到了 24.9%，如图 5–1 所示，且增速明显领先其他平台。

当这些用户汇聚在直播间时，平台和主播就有了将其转化为购物用户的动力，进一步释放用户的终身价值。的确，快手直

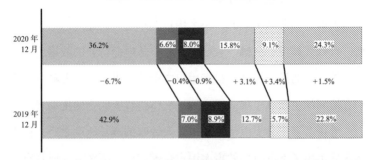

图 5-1　2020 年 12 月中国移动互联网典型行业月总使用时长占比

注：各派系选取旗下 MAU ≥ 1 万的 App，占比 = 各派系旗下 MAU ≥ 1 万的 App 合计总时长 / 移动互联网活跃用户总时长

数据来源：QuestMobile TRUTH 中国移动互联网数据库，2020 年 12 月

播间的销售行为早在官方引导之前就已经自然发生：在快手上线"小黄车"（官方的商品销售工具，粉丝可以在小黄车完成购买）之前，主播就已经在直播间的墙上或者胸前挂起自己的微信号，在介绍商品的同时引导粉丝加自己的微信，进而完成交易。从结果来看，快手和抖音都比较成功地使用户形成了在直播间购物的习惯。2020 年 6 月，抖音的 4 亿日活用户中，已经有 58% 的用户每天都观看直播。根据快手大数据研究院发布的《2020 快手内容生态半年报》，快手直播的日活超过 1.7 亿，其中电商日活已突破 1 亿。2021 年第 1 季度，快手的日活跃直播用户数仍然实现了双位数的环比增长。在存量用户见顶的背景下，能够联合主播在直播间满足粉丝购物需求的商家找到了一个触达消费者的新入口。

如果说淘宝直播、抖音电商等主要还是在抢占那些已经被传统电商教育和渗透过的存量用户，那么快手就瞄准了下沉市场的增量人群。如前面提到的，快手用户在东北、西北地区的集中度高，且低线城市、乡镇、农村用户多；从电商行业的数据看，这类群体的电商渗透率低，很多用户之前从未进行过线上购物。快手直播间的主播成了很多用户第一次体验线上购物的推动者。

继拼多多依靠下沉市场获得让人惊叹的成长速度之后，快手再次展示出了下沉市场的庞大用户规模和广泛消费需求所具有的强大势能。尽管这些个体的消费力相比一线和二线城市偏低，但大量的用户聚合在一起，让快手一年的直播卖货 GMV 达到了数千亿的量级。根据 2021 年第 1 季度的财报，快手的电商交易总额同比增长约 220%，达到了 1 186 亿元。

全新的匹配与创造用户需求的方式

让我们从主要电商形态的发展演变来分析直播电商对于满足用户需求的新价值。在使用传统电商平台时，用户大多有相对明确的购物目标（如要解决什么问题，或者要购买什么商品），此时"人找货"是供需匹配的核心逻辑。需求明确意味着用户可以直接通过关键词来查找自己想要的商品，搜索是用户与商品进行匹配的高效触点。平台相应地不断优化搜索能力，而商家为了获得更多的曝光会在商品介绍中增加相应的关键词，并通过支付广告费等方式在搜索结果排序中获得靠前的位置。

然而用户的需求并不总是明确的，尤其是当物质消费具有了一定的情感和精神价值，而不仅仅是功能性价值时。用户在

"逛"的过程中会产生新的需求（类似于逛街），而平台需要将更匹配用户的货主动呈现在用户面前，如表 5–1 所示。"货找人"的需求匹配逻辑使得千人千面的推荐算法变得尤其重要，而 App 首页的推荐流成了用户与商品发生匹配的触点。为了更好地满足"逛"的需求，商品与图文、短视频等形态结合，拓展了"货"的内涵。在这个意义上，逛电商平台与使用依托于推荐算法的资讯消费平台（如今日头条）在本质上是没有差别的。

表 5–1　不同电商形态的需求及匹配模式

形态	货架电商（老）	货架电商（新）	社群 / 社交电商	直播电商
需求来源	已有需求	已有需求和需求创造	已有需求和需求创造	已有需求和需求创造
需求实现	人找货	货找人	货找人	人找货和货找人
高效触点 / 场	搜索	推荐流	微信群	直播间
关键要素	货	货	货 + 群主	主播 + 货 + 直播间

　　社群 / 社交电商中的新要素——群主，为已有需求的匹配和新需求的创造带来了新的可能性。对于需求匹配，人的推荐成了算法之外的另一种解决方案；这再一次与资讯消费平台（如网易新闻）具有相似之处。群主能够基于微信群中用户的特征来选择售卖的商品，尽管他们并不能实现千人千面的颗粒度。更强的需求创造能力弥补了这一不足：群主能够通过图文内容、营销、社交信任、群体效应等手段来创造需求，完成"种草"和"拔草"。换句话说，虽然都是"货找人"，但社群 / 社交电商实现了需求

匹配和需求创造的同步。

在匹配用户的已有需求时，直播电商的主播发挥了与社群群主类似的作用，面临类似甚至更大的挑战：主播可以通过分析直播间的粉丝特征和结构来辅助洞察用户需求，为粉丝匹配更加合适的商品；由于直播的时间是有限的，而粉丝的多样性高，主播的选品难度变得更高。

同社群/社交电商一样，直播电商也具有创造新需求的能力；而且与之前的电商形态进行对比，我们也能够发现直播这一形态在这方面的独特优势。首先，相比于微信群，直播间作为"场"更加生动、趣味性更强、更能够吸引粉丝的注意力，主播在直播过程中对商品进行介绍和直观展示的效果比图文内容更好。其次，直播间的社交互动性强，因此主播也能够充分利用在群体场景下效果更好的促销手段和营销手段，制造购买紧迫感和抢购氛围，进一步提高粉丝因为冲动而下单的比例。这些特点提升了直播电商中"货找人"的效率。在优秀主播的直播间中，粉丝下单转化率是显著高于传统电商的。

主播作为另一项关键要素还创造了与货架电商不同的"人找货"。类似于人们会有偏好的线下导购员，人们对于主播也会有偏好，这主要取决于主播在短视频和直播中所塑造的形象，也就是"人设"。由于其个人特征，主播具备了成为一种标杆、品味或生活方式代表的可能性；在这个基础上，消费者从寻找特定的商品变成了寻找能够推荐特定类型商品的主播，通过"蹲守"直播间来跟随特定主播的推荐购买。这在快手生态中尤其明显，人设特点突出让粉丝与主播之间建立了信任感极强的老铁关系。这种极强的关系降低了直播间转化的难度，让消费者除了因为商品而消费，还会因为主播而花钱。

商业或业务创新的可能性

从上一节来看，直播电商带来了：第一，在短时间内汇聚大量用户的能力；第二，更强的新需求创造能力；第三，更高的引导消费能力和转化效率；第四，依托于人设和信任的更高用户黏性。这些特征为商业创新提供了机会。

短时间内的大量曝光意味着直播间具有一定的品牌曝光价值，而好的品牌和合适的主播之间能够实现互相加分的效果。主播在直播间面向大量粉丝深入生动地介绍商品，增强了粉丝对于品牌形象的感知；那些自身特点与品牌调性相匹配、粉丝特点与品牌受众相匹配的主播，他们的人设能够增加品牌的内涵以及为品牌带来积极情绪；反过来，好的品牌也能够提升主播的调性，让主播的人设更加饱满。在直播生态中最具影响力的头部主播，已经成为品牌宣传的重要渠道。品牌及其新品在这些直播间能够迅速得到曝光，并在社交网络上持续传播。这也是为什么品牌愿意给这些主播更低的价格，甚至直接支付一定金额的"坑位费"。这本质上即是品牌支付的营销费用。

结合上述曝光能力以及主播的需求创造能力，直播电商为新爆款、新品牌乃至新品类带来了机会。大量不知名品牌的商品以高性价比为卖点，通过主播自有品牌、主播精选等形式，在直播间被充分展示并快速成了爆款。例如，专供 B 端（企业端）的某水产品牌通过罗永浩直播带货打开了 C 端（个人用户端）销售通路，并在 2020 年实现了销售额破亿元。先由头部主播"种草"，再通过更多中腰部主播的直播扩大销路，成为新品牌崛起的新路径。主播对于消费者的洞察和影响力，使得他们能够实现对消费者细分需求的深入理解，进而推动特定品类的爆发。在直播头部达人和明星的带动下，如留香珠、洗衣凝珠、猫／狗保健品等细分品类也快速兴起。

除了借力直播渠道提升已有商品的品宣效率，直播电商还为 C2M 模式创造了可能性。C2M 是指用户需求直接对接工厂进行制造。具体来说，就是在直播间快速获取数据（包括画像、互动反馈和消费行为等）来洞察用户需求，然后驱动商品设计和生产端的迭代。例如，主播可以小批量打样，在直播间测试商品是否可能成为爆款，然后再决定是否追加生产。这可以进一步地通过主播的力量引领消费者的消费风向。从价值链条看，这种业态压缩了中间环节，让货主（品牌、工厂等）有机会直接面向消费者。当然，这对供应链提出了新的要求：数据反馈及生产决策需要在足够短的时间内在生产环节得到落实，从而最快地抓住满足用户需求的机会。

合味芳品牌螺蛳粉的火爆即是初步实现了依靠用户洞察来指导生产端的规划：利用掌握的数据以及组织能力，魔筷与合味芳工厂合作，对产品配方、质量、设计、价格体系等进行打磨，并利用自身的渠道能力将该品牌商品匹配给适合售卖的主播，成功推动合味芳品牌的火爆和出圈。除了依托于平台或第三方的能力外，部分头部主播也已经在按照类似的思路打造自主品牌。

直播带货的供应链挑战

直播虽然给商家带来了上述这些机会，但是也给供应链带来了明显的挑战，这些挑战主要体现在客户需求更难预测、价格体系更难管控、产品生命周期更难把控、商品履约要求更高等方面。

需求更难预测

商家依靠需求预测来指导生产规划和采购，准确的需求预测有助于商家避免库存积压等问题，进而提升毛利水平。从这个角度考察，传统线下渠道和货架电商具有一定的优势，这主要有三个方面的原因：首先，商家对这些渠道的控制力较强，尤其是那些具有一定品牌力的商品，在与渠道的合作中具有议价能力；其次，受限于其地理位置或电商平台的流量分配规律，线下和货架电商渠道的流量一般容易预测且具有稳定性；最后，由于上述特点，这些渠道中客户的属性特征相对稳定。在这些特点下，渠道对于商品的需求量相对稳定且可控，由此带来的好处是生产端更容易规划生产或采购。

在直播电商业态中，上述三个方面均发生了重要的变化。首先，相比于传统渠道，商家对其与主播之间合作关系的控制力度变弱。尤其是在快手生态中，由于大部分原生主播出身草根，由传统的娱乐主播转型为带货主播，其中一些主播在商业意识和契约精神方面有待补足，有时候会出现主播在开播之前甚至直播中临时与商家解除合作关系的情况。这直接导致商家备货无法售出，需要寻找其他销货渠道。

其次，在直播电商生态中预测一款商品的销量变得更加困难。一款商品在直播间的销量，既会受到主播粉丝与商品匹配度的影响，又取决于主播介绍这款商品的能力、主播开播时的状态、开播当天的流量投放情况等多重因素。在这种情况下，预测商品销量所需要的数据变得更加复杂，而商家在与单个主播合作过程中的数据积累尚不足以支撑商家对主播销售单款商品的情况做相对准确的预测。我们尤其需要考虑到，商家和主播之间的合作经常是低频的、随时可能终止的，商家很可能在不同的时间与不同的主播合作，因此每次面对的消费者都是不同的，这进一步加大了数据积累和需求预测的难度。

在上述这些原因的叠加下，商家在生产规划、备货环节所面临的挑战显著增加。这也是为什么我们常常在主播的直播间遇到库存不足的情况，也会听到商家库存积压需要四处销货的情况。

价格体系难管控

价格是营销的四个基本策略之一，它反映了品牌的市场定位。价格的管控是品牌保持其用户心智的重要手段，一个不断降价的品牌会在用户心中逐渐失去其原有的价值。因此，价格的管控可以看作品牌的重要战略决策。

当进入直播电商生态时，品牌往往会面临价格体系管控的挑战，尤其是在与头部主播合作时。凭借流量优势，头部主播在与品牌谈判的过程中常常具有更高的议价权（不考虑那些顶尖的品牌），因此他们往往能够要求品牌方提供历史最低的价格，以保证直播间吸引力、涨粉和提高粉丝黏性。不同头部主播之间还会进行价格的比较，从而给品牌方维持其价格体系带来压力。即使品牌方自己能够很好地把控价格，品牌的渠道商在找主播带货时也可能会破坏产品的价格体系，因为渠道商考虑的是自己赚到钱，而破价影响的是品牌和其他渠道商的利益。

价格体系的破坏带来的影响是严重的。虽然短期的折扣能够促进产品销量的提升，但是这对于品牌价值和品牌溢价的打造是不利的。从直播间买到过更低价的粉丝也可能会等待下次品牌提供类似的低价，进而影响品牌的利润。如果价格体系管控不到位，长期来看可能就会影响品牌的形象。价格体系的破坏还会损害线下渠道的利益，从而冲击品牌的线下销售体系。

为了应对这种情况，有些商家开始提供直播渠道的特供款，类似于电商平台通过特供款与线下渠道做区隔的方式。直播渠道的特供款与其他渠道售卖的商品在包装、规格、售价等方面存在差异，因此消费者无法进行渠道之间的价格比较，从而减少直播渠道对于品牌价格体系的冲击。

产品生命周期更难把控

一款产品的生命周期通常包括上市、营销推广、销量增长和触顶、通过降价等方式促销清货、退出市场等阶段。在直播电商渠道出现后，商家需要重新规划整个生命周期的节奏，探索让直播电商发挥价值而非缩短产品生命周期的方法。

如前所述，直播电商具有快速推爆一款产品的能力：通过头部主播和大量主播的分销，商品销量增长期的时间缩短。在这种情况下，如果商家能够有效地管控渠道、管控价格体系，那么产品有可能在高销量的状态下维持较长的时间。我们对快手生态内商品生命周期进行分析后发现，有些爆款商品能够维持超过10个月的销量高峰期，部分是因为爆品在生态中逐渐扩散到越来越多的主播直播间。例如可以算作快品牌的某款紫米面包，在快手好物联盟中上架过该商品的主播数已经超过了30万人。

另外，从目前的观察来看，直播电商似乎缩短了一些产品的生命周期。在一款商品爆发后，由于直播间促销属性突出以及大主播议价能力强势，商家在业绩压力下很可能难以做到对价格和渠道的强把控，从而造成商品过早进入降价促销的状态。同时，爆款出现后生态中其他供应商会快速跟进，生产出价格更低、佣金更高的同款商品以占领市场。尤其是那些差异化不明显、模仿门槛不高的爆款，更容易被拉入价格战的泥潭中。这些因素的叠加使得一款产品的生命周期被压缩。这倒逼供应链加速新品开发的速度，提高新品推出的频次。

商品履约要求高

粉丝在主播直播间消费依赖于其对主播的信任，这种信任既来自主播通过短视频和直播建立的人设，也来自粉丝在主播直播间多次购物时的良好体验。后者既包括商品的低价和高品质，又包括商品的履约。像快手这样非电商背景的平台也在加强对发货和物流时效的管控，鼓励主播提供24小时内发货的服务。部分主播也建立了自己的客服团队，来保障消费者端的体验。

通过主播进行商品分销的商家，在发货和售后环节都可能面临更大的挑战。如前所述，由于直播销量更加难以预测，商家可能会面临商品超卖的风险，从而导致货品难以在平台限定的时间内发出。虽然商家可以采用预售的方式来降低这种压力，但这势必会带来粉丝口碑的下降。

在售后环节，商家除了要满足消费者的诉求，还可能面临着主播更加严苛的要求。站在主播的角度，为了更好地维护和留存粉丝，他们希望在售后问题发生时采用更为宽松的退货退款条件。商家则更希望采用低成本的解决方式，例如让客服人员与消费者沟通，补偿优惠券等，尽量避免直接退货退款带来的损失。因此，主播的利益和商家的利益可能是存在冲突的，尤其是在二者的合作相对短期、偶然的情况下。鉴于主播往往具有更高的议价权，商家更可能需要配合主播的要求，承担相应的损失。考虑到直播卖货时退货率往往较高，直播电商中的售后问题给商家带来的冲击比传统电商更大。

哪些货品尤其受益

万物皆可"播"

直播间能卖什么？目前看来，答案似乎是万物皆可播。根据淘宝官方的统计，近 90% 的淘系一级类目已涉足直播。珠宝玉石、黄金、汽车、二手奢侈品，乃至于房子、芯片、火箭，直播间的货品不断突破品类的限制，刷新人们对于直播电商和主播能力的认识。

直播电商业态中珠宝玉石品类的 GMV 占比显著高于传统电商，为什么会有这样的效应？珠宝玉石品类交易的信任成本极高，以往并不适合在线上售卖，因为线上的静态展示难以让消费者对品相等做出判断。而直播能够让商家或主播现场讲解珠宝玉石的成色并提供选购指导，促进了交易的达成。同时，由于直播提高了整个交易过程的知识性、趣味性，信任关系更容易建立，复购也更容易发生。从数据来看，珠宝饰品品类是最早在淘宝直播爆发的品类之一，也是 2020 年 1—10 月行业直播渗透率最高的品类。甚至还出现了专门在这一领域深耕的垂类直播平台如微拍堂、玩物得志等，这些平台的 GMV 也达到了百亿级。

不管是从品宣还是销售的角度看，汽车品类都已经成为直播中的重点品类，是各直播电商平台"必争之地"。2019 年 11 月，快手的"快说车频道"正式上线，深耕汽车垂类市场；凭借着广州车展的时机，平台还发布了一整套的汽车行业解决方案。在抖音平台上，截至 2020 年 5 月底，已经有汽车品牌蓝 V 认证 143

家，汽车经销商蓝 V 认证超过 9 100 家。

快手上的主播"杨哥说房车"来自石家庄花乡二手车市场，他利用视频化建立的老铁信任关系，汇聚快手上房车圈层的用户，几乎每个月都能够在快手上售出一两部价值几十万元的房车。义乌的二手车商老马也通过二手车解说和测评视频聚拢了一批粉丝，然后在线上直播卖车变现；有些对二手车和直播卖车感兴趣的老铁，还会专门从外地赶来拜师。

受益商品的特点

什么特征的商品更容易在直播生态中获得好的机会？由于直播电商业态中引入了"直播"这种形态和"主播"这个要素，我们可以从直播形态的特点和主播的选品决策出发进行分析。

决策路径短、决策成本低的商品，能够在直播间快速成交

直播是高度时间依赖的导购形式，在流量一定的情况下，最终产生的销售额取决于直播间的转化效率。因此，能够在直播间快速成交的商品往往会受到主播的欢迎。

客单价较低的商品，其决策成本也低，因此容易在直播间中引发粉丝的冲动消费。在快手生态中，低单价商品的流行体现得尤其明显，单价在 50 元以下的商品占比极高。以 2020 年 11 月的数据为例，销售量排行榜中排名前 10 的商品单价均没有超过 20 元；大量商品的价格均为 9.9 元及以下。当然，这也与快手用户更下沉、低线城市用户更多有关。

随着快手直播电商生态逐渐从野蛮生长向规范化发展，用户在直播间不断被教育，以次充好、口碑差的主播不断被淘汰，商品的价格逐渐向其价值回归。另外，随着用户对主播信任度的提高和直播购物习惯的养成，他们也更可能把高单价商品的购买放到直播间来完成，因此我们预计直播间的客单价会逐渐提高。事实上，淘宝生态也表现出了类似的趋势：根据《2020CBNData电商直播消费升级报告》，2020 年，超过 80% 的商品品类在淘宝直播间的客单价、品单价均有所上涨；其中单价涨幅最大的是珠宝、手表、眼镜、母婴用品，其次是数码、软装、百货等。

当低价手段逐渐被"淘汰"时，"高性价比"对用户消费决策的促进作用会变得更加突出。从中国消费者协会的调研数据中可以看到，在消费者观看直播和下单购物的原因中，优惠活动、高性价比排名靠前。高客单价的商品搭配足够有吸引力的折扣，也就是所谓的"相对性价比，绝对高客单"。例如，2020 年快手官方联动辽宁佟二堡、浙江海宁等知名皮草产业带商家发起"皮草节"，吸引了超过 2 万家商家参与，平均客单价超过 1 200元，带动订单量环比增长 368%。我们可以看到，当性价比足够突出时，快手用户也愿意购买高客单价的商品。

真人演示、直播间互动能够促进购买决策的商品

直播间的演示和互动能显著提高消费者的购买欲望，这在一些品类上表现得更明显。例如，主播能够直接在直播间展示美妆护肤品类的使用方法和使用效果，这对于直播间成交特别有帮助。

淘宝直播的某头部主播和快手直播的某知名主播都是通过销售该品类而兴起的主播。粉丝对于食品品类的欲望也会被直播间的演示所带动，吃播已经成为各大生态尤其是快手生态中的重要主播类型。

主播也想尽各种办法提升直播间演示对于转化率的促进作用。例如罗永浩的直播间背景会充分利用手机屏幕空间，在直播中设计沉浸式的场景（例如售卖啤酒时展示阳光沙滩），或者展示商品的促销信息；主播也会从服装、化妆和道具等方面提高整个展示的沉浸感。

非标或者高复购的商品，可以支撑主播频繁开播、持续换品的需求

主播直播间的受众主要有三个来源：主播以往积累的粉丝被重新触达、平台推荐算法自动匹配的观众、通过流量投放获得的观众。对类似于快手这样强调私域的生态来说，粉丝来主播直播间的频次是较高的。另外，除了少数头部主播以频次较低的专场卖货为主要形式，大部分的主播都是高频或日常开播的。在这种情况下，主播如何保证每次开播时粉丝仍然愿意回到直播间、充分提升每个粉丝所消费的金额是重要的挑战。

为此，主播需要不断替换直播间售卖的商品，通过新鲜的、品类丰富的商品持续刺激消费者购买。在本质上，这与会员电商扩充品类以满足会员的多样需求具有相似之处。非标品，如款式丰富多样且上新速度快的服饰等，能够满足主播的这一需求。因

此，服饰品类是直播生态中上架数量最多的品类。食品和部分日用百货品类属于复购频次高的商品，用户会不断产生再次购买的需求，因此也容易成为直播间的常客。而且不同于非标品的单品售卖时间短、数量低的特点，高复购的商品往往能够在直播间反复出现，商品也具有相对更长的生命周期。在一些情况下，这种高复购的商品与主播的定位也具有了一定的绑定关系，从而产生"去某主播直播间专门购买某商品"的现象。

高毛利或能引流的商品

因为主播这一角色对于售卖商品选择的议价权，他们的选品决策对于哪些品类或商品能够卖爆也有着非常关键的影响。当我们站在主播竞争以及利益最大化角度考虑时，商品的毛利以及商品对于流量的吸引作用也变得非常重要。

主播在分销商家的商品时平均能够拿到相当于货品价格15%~30%的佣金，能够被大主播选择的商品通常是毛利水平极高的。这主要是因为主播通过直接匹配货源和消费者去除了供应链的中间环节，从而导致了利益的重新分配：以往被中间环节渠道商所分配的利润，现在除了部分让利给消费者以外，大部分被主播赚取。当然，随着直播电商的竞争变得激烈，主播能够分得的利润也有降低的趋势。

品牌的广告和营销投入换取了用户的心智，因此知名品牌的商品是天然具有流量价值的。它们出现在主播的直播间时能够帮助主播吸引更多的观众，也就是说品牌能够在流量上赋能主播。

因此品牌仍然是被主播尤其是头部主播追捧的。雅诗兰黛、欧莱雅、魅可、兰蔻、完美日记、科颜氏等美妆品牌，格力、美的、苏泊尔、九阳、小狗等电器品牌，李宁、阿迪达斯、森马、GXG等服饰品牌，华为、苹果、小米等手机品牌，古驰、宝格丽、马可雅可布、华伦天奴、蔻驰、杰尼亚、梵克雅宝等奢侈品牌，都进入直播间成为抢手好货。据统计，2020年1—7月快手中单场GMV超过100万元的品牌专场直播有283场，其中有40场的单场GMV超过1 000万元，累计达到16.2亿元。主播愿意为品牌商品收取较低的佣金，也愿意给能够帮其搞定品牌货源的公司或个体更多的服务费用。

直播供应链的解法

多重方案满足不同层级主播需求

所需商品品类丰富、新品更新速度快、商品履约要求高、货品价格佣金要求高，这些对供应链的要求意味着主播要凭一己之力打造一个适合自己的直播供应链是极为困难的。以快手直播电商生态为例，目前已经产生了非常多样的供应链解决方案，满足不同层级主播的需求，如图5–2所示。

对长尾主播来说，自产和自采是重要的货品来源之一。如果翻看快手中粉丝量比较少的带货主播的主页，会发现其中不少是在售卖自家生产的商品，比如自家种植的农产品、自己烘焙的

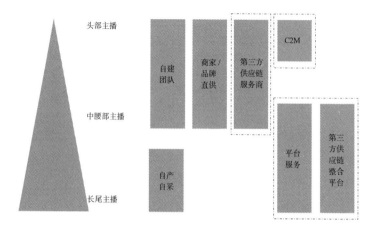

图 5-2　按照主播层级拆分供应链的构成形式

食品、自家工厂生产的百货等。另外一些主播则是就近采购，比如从附近的批发市场进货等；批发货源相对低价、可选择范围广、不断更新，因此受到主播的欢迎。杭州的服装批发市场四季青便是一个典型的案例，通过为主播提供丰富的服饰货源，它的周边已经成为一个主播聚集区域。临沂批发市场以往是从广州等一级批发市场中购买衣服，再转手给零售商，零售商出货后支付货款。所以批发市场的摊主既有库存积压的风险，又有垫付资金的压力。当直播电商的机会来临时，不少摊主同步做起了直播的生意，线上直播甚至逐渐取代了他们的线下生意而成为重心。比如"陶子家"就从临沂的批发市场摊主转型成为专职主播，其在 2019 年"双 11"期间完成了 2 000 多万元的营业额。

为了满足长尾主播对于更丰富、更高质量、更具性价比商品的需求，也为了保证平台商品和服务的满意度，平台方如淘宝、快手、抖音、微信视频号等也会提供供应链解决方案。通过这种方式赋能长尾主播，带动他们的成长，这样能够避免头部主播集中度过高，进而促进生态健康良性发展。也有不少第三方通过打造自己的货品池及配套服务来满足长尾主播的需求。

随着主播卖货能力的提高，他们能够获得的服务变得更加精细和全面，依赖于人而非完全产品化的服务也开始变多。例如商家会主动联系主播，上门推介自己的商品；第三方供应链服务商也开始提供对接主播和商品的服务，通过更精准的匹配和更贴心的服务来提高商品被主播选中的概率。也有服务商提供更加专业化的服务，例如帮助主播组织卖货专场活动等。有实力的主播则开始自建招商团队，完成商品的寻找、筛选、议价工作。更进一步地，部分主播会以 OEM、原始设计制造商模式生产自己的定制商品，或者直接整合上游工厂做自有品牌。

平台自建供应链服务

目前切入直播电商赛道的平台主要有三大类：第一类是传统电商平台，如淘宝、京东、拼多多、苏宁、蘑菇街等，通过发展直播业务赋能商家。这类平台本身已经有丰富的商家和货品资源，例如淘宝有百万级的天猫商家，千万级的淘宝商家；而且它们在履约、客服服务以及平台和商家规则方面已经有成熟的经验，因此在发展直播电商业务时有先天的优势。平台能够直接调动大量的供应链基地、工厂等供应链上游机构为主播提供货源，反向也为平台的商家带来更多的营销玩法、经营业绩。以阿里 V 任务推出的服务淘宝内主播和商家的选货平台"直播通"为例，主播可以从淘宝体系商家的商品池及官方认证的海内外供应链基地、直播基地选品。平台提供到店直播和寄样直播两类灵活的合作方式。

第二类是内容平台转型电商业务，核心是赋能内容创作者变现，例如快手、抖音、小红书、B站等。作为电商领域的后起之秀，这些平台在供应链能力上与一线电商平台显然有着不小的差距。根据中国消费者协会的调查报告，消费者没有使用直播电商购物的第一大原因就是"担心商品质量没有保障"。这部分反映了这些新平台尚未解决电商基础设施的短板问题。通过与传统电商平台合作，借力已经成熟的电商基础设施是内容平台普遍采用的解决方案，如抖音和快手在发展过程中均与淘宝平台开展了供应链的合作。2020年"618"前夕，快手宣布与京东在供应链方面展开合作，为快手中的主播提供货源支持，并享受京东物流配送服务；抖音也与苏宁达成合作，解决商品和服务的问题。

除此之外，这些内容平台普遍在加强自身供应链建设，逐步用自有的供应链设施来代替传统电商平台。抖音电商在从短视频带货转向直播带货后，通过直播流量扶持实现了电商销售额的快速提升。在此背景下，抖音在2020年6月正式成立电商一级业务部门，从商品、店铺、支付等环节推动电商生态闭环。在商品方面，2020年10月9日起直播间不再支持淘宝、京东等第三方商品；政策宣布后，来自抖音自有"放心购"的商品数量增幅明显，截至当年12月"放心购"商品占到了商品数的99%。这驱使商家在抖音开店，将抖音作为店铺运营的一个阵地，而不仅仅是一个出货渠道。同时，字节跳动还取得了支付牌照，预计后续会进一步打通支付环节。

快手也推出了自己的主播选货平台——"好物联盟"。好物联盟一方面吸引各类商家和供应链入驻，另一方面吸引主播进入其中选货，在其中实现供需的匹配。参照淘宝联盟的做法，好物联盟也引入了中间的撮合角色——"招商团长"，招商团长可以帮助平台完成商家引入，也可以介入供需匹配环节，提供撮合服务。平台则在其中提供达人速配、权益保障、大数据赋能和营销支持等服务。根据快手官方数据，截至 2020 年 10 月，好物联盟已经累计服务了超过 100 万达人，触达了亿级的消费者，每个月有超过 60 万达人在好物联盟选货。

第三类是社交平台依托流量转入直播电商业务，例如微信、微博等，其本质上是私域流量的高效变现手段。虽然微信生态一贯以开放和去中心化为最大的特点之一，但为了支撑长尾主播的生存与发展，微信也以小商店为载体，纳入供应链服务商所提供的货品，为想要直播带货的主播提供一个基础的分销工具和分销商品池。

第三方供应链整合服务商

平台的供应链体系虽然能够满足主播的基础需求，但是其往往难以满足更精细和细分的需求，为主播提供更"重"的服务。在这个背景下，第三方供应链整合服务商有了生存的机会。服务商为主播和进入直播生态的商家提供货品对接的服务，也有部分会扩展到仓储物流、支付结算、商品售后等服务内容，打通整个供应链的商品流、信息流和资金流。由于其货源具有优势，而且能够提供深度服务，第三方供应链整合服务商成了部分主播的主要供货商。

专业的直播供应链服务商聚焦商品供应能力，选品能力、低采购成本、智能精准的商品推荐能力是其核心竞争力。例如位于杭州的魔筷科技链接了丰富的商品与大量的中腰部主播。招商和选品团队帮助这些主播完成商品寻找、筛选和质量把控的工作，并通过提升服务人群规模降低公司在单个主播身上投入的成本。服务主播的团队能够结合商品和主播两端的信息，帮助主播有效地完成货品选择。随着积累数据的增加，平台还能够通过完善算法不断提高为主播精准选品的能力，降低货品匹配的成本，帮助主播提升卖货产出。随着服务主播的卖货能力成长，主播的需求变得更加丰富，所以魔筷还不断完善专场服务能力、流量投放能力、商品孵化能力等，以持续服务长期合作的主播。

依托于线下和区域的直播基地也是供应链服务商的一类典型代表。位于主播密集地区的直播基地可以借助合作主播的力量，撬动不同类型的货源入驻，进而帮助主播解决货品款式少、需要花时间找货源的问题。同时，由于直播基地不断跟踪和更换生态中的爆款商品，主播也能够不断接触到新品，从而解决更新速度慢的问题。另外，主播只要在基地的选货中心挑选好计划销售的商品就可以现场开播，这样节省了在寄样环节所花费的精力和时间。邀请主播到基地现场开播也提高了基地对于主播售卖的把控力，基地还能够通过助播、投流服务等进一步提升主播的卖货产出。

处于货源丰富地区的直播基地则可以借助特色的商品吸引主播走播或入驻，比如云南、广东等地的珠宝批发市场吸引了一批售卖珠宝翡翠的主播直接入场开播，杭州的服饰批发市场则吸引了大量售卖服饰鞋包的主播在周边居住和开播。在货源密集地直接开播也在一定程度上缩短了供应链的长度，提高了供应链的反应速度，比如当受欢迎的款式缺货时能更快完成补货。2020年各直播平台陆续推出产业带直播基地战略，推动地方产业集群直面消费者，扩大直播电商的供给。据统计，2020年淘宝直播生态中的服饰基地数量已经超过了100家。

不仅如此，直播基地还能在"场"的角度赋能主播。珠宝产地批发市场等场景更能够塑造商品选购的氛围，家纺品类的商品可以通过搭建卧室等场景来展示商品所带来的感受，位于批发档口的直播基地则可以整合批发市场中的供应链资源，甚至创造新奇的玩法。例如，毕加索家纺在杭州搭建了直播间，并安排专门的直播策划、助播人员等，为主播来直播间卖货提供全套服务。通过商品的优势和一站式服务，毕加索家纺吸引了大量的头部主播前来合作。这种做法既发挥了主播的流量优势，也让品牌有了自己可控的场，在此过程中商品可以不断迭代、直播能力不断优化，进一步强化直播基地的吸引力。位于临沂的华丰食品城联合入驻的批发商，将线下1元店的玩法搬到了直播间：合作的商家将成包的食品拆分成单件，每件均以1元的价格出售，在直播间购买满9.9元即可包邮。这种玩法除了让消费者有了更丰富、更灵活的选择，也帮助主播完成了平台对其销售单数的要求。

主播的流量优势帮助头部主播或其所属的MCN机构获得了对于供应商的议价能力，因而能够拿到更低的价格和更稳定的供给。这些供应链就可以赋能机构内外的主播，吸引相对弱势的中腰部主播合作。这种合作也有助于MCN机构减少对单个主播的依赖，提高其变现效率。比如某MCN机构借助其头部主播的影响力打造聚合的供应链基地，一方面邀请更多商家入驻，为品牌提供整合营销、新品打造、主播对接等服务，目前合作的品牌超过5 000家；另一方面也通过专业的直播运营团队和主播运营体系，为主播提供培训支持和选品支持，帮助主播提升产出。

总体来看，当前第三方的直播供应链服务还处于发展初期：一方面，商品主要来自传统电商平台和品牌商线上渠道，并没有充分体现直播对于商品的特殊需求；另一方面，帮助主播获取平台流量、提高流量转化率、提升成长速度等的相关服务也尚未完善，而这类服务可能会成为供应链服务平台的重要竞争力之一。未来，随着直播电商生态的完善，品类更加垂直化、商品更加定制化、服务更加专业化的供应链服务商可能会出现。

商家即主播（店播）

当商家依赖于主播出货时，就需要面对前面提到的需求难以预测、价格体系难以管控、大量的佣金被主播赚走等问题。相反，商家自己直播带货，也就是所谓的商家自播或者店播，在一定程度上能够避免这些问题：需求量可以通过操纵开播时长和流量投放做一定把控，价格体系可以由内部规划，商家能够获得更高的毛利。由于这些优势，商家店播也是潜力巨大的直播供应链解决方案。

自有主播对产品更加熟悉，能够提供专业的产品解说，60%以上的品牌商都表示品牌自有主播（含企业老总）和知名带货主播的带货效果更好。在疫情期间，不少总裁进入直播间为自己的品牌代言。2020 年 2 月，林清轩 CEO 孙来春带领 100 多位导购在淘宝开启直播，不仅实现了疫情期间的成功自救，还带来了品牌破圈。2020 年 4 月起董明珠就代表格力在各个平台试水直播电商，全国 8 个城市巡回直播 13 场，总带货金额超过 476 亿元，打破了传统经销商模式。2021 年 4 月，董明珠新一年的直播秀再次在武汉开启，直播带货 11.4 亿元。携程创始人梁建章也在 17 个城市开展探店直播，为每场直播设计主题，118 场直播带动销售额超过 40 亿元。通过"视频推广 + 直播转化"多元化的高曝光，更能实现品效合一。直播间已经成了品牌发布新品和新战略的场合，例如宜家、盒马等品牌在淘宝直播举办线上发布会，连咖啡、吉利汽车则将新品发布放在了微信视频号上的直播间。

从长期和精细化经营的角度来看，店播也具有独特的优势。相比于分销主播，自建直播团队可控性更高，且能将粉丝沉淀为商家自有的资产。商家还可以搭建自己的账号矩阵，不仅覆盖更加广泛的用户，还能够针对不同的受众人群选择不同的主播、设计不同的直播间和直播风格，从而更精准地触达细分用户。无论对商家还是品牌方来说，搭建自运营的操盘团队已经成为重要的新课题。

在淘宝直播生态中，2020年天猫核心商家的开播率已经超过90%，店铺自播已经成为商家运营的标配。2020年上半年淘宝直播中商家自播的占比近70%。超过70%的新品牌在天猫"双11"期间开播，将直播电商作为关键渠道。除了原有的商家外，淘宝也积极鼓励产业带商家等投身直播带货，为消费者提供更丰富、更高性价比的商品。2020年推出的"春雷计划"在半年内就举办了超过200万场农产品直播活动，孵化了超过10万个农民主播，直接带动茂名荔枝、海口芒果、湖北小龙虾、福建鳗鱼等实现月销量200%~600%的增长。据统计，2020年有6万多名农村主播加入，并且淘宝关联农产品直播接近140万场。

在快手上搜索"工厂"，能够看到五花八门的工厂：服饰工厂、化妆品工厂、家纺工厂、女鞋工厂、绞肉机工厂、锂电池工厂、假发工厂等，不一而足。这些遍布全国的工厂以往只能够给品牌代工或者通过批发等渠道出货，而现在快手提供了一个直接面对消费者的机会，让他们能够打造自己的渠道。"芈姐在广州开服装厂"就是其中的典型代表。2019年11月仅有120万名粉丝的芈姐就在快手活动中拿下第四名，到2021年年初她已经拥有了1 350多万名粉丝，并成为快手上市时的敲钟代表。

以下沉市场用户为优势的快手显然也不会放弃产业带的资源，其一直致力于直播电商与产业带经济的深度融合。2019年快手即开始布局珠宝产业带、服饰产业带等，覆盖了珠宝的各大品类和服饰的重要生产地。截至2020年年中，快手电商就已经在全国落地了20个产业带基地。通过招募数百个服务商合伙人、提供大量的流量和补贴扶持，2020年9月快手发布计划，提出将在全国打造超过100个精品的产业带基地，孵化超过1万个产业带主播。产业带商品的引入能够让平台的消费者以极为优惠的价格购买到日常最需要的商品，也带动了产业带的发展和升级，可谓是共赢的举措。

越来越多的品牌和商家加入抖音，搭建自运营团队并在抖音推广。抖音官方在2021年抖音电商生态大会上发布抖音电商FACT经营矩阵：F也就是商家自播，通过自己的场来增强内容管控、积累客户资产，有助于长效运营；A即达人矩阵，有助于商家快速获取生态流量，放大生意；C即营销活动，有助于培养消费心智并获取平台资源；T即头部大V，能够帮助商家快速出圈，实现品销合一。FACT经营矩阵即以商家自播作为核心，再辅以达人矩阵、营销活动和头部大V作为补充。其中F和A构成了商家的日销经营，C和T则促成了商家的品销爆发。

店铺自播＋达人直播的模式，利用红人直播进行新客引流，借助店铺常态自播传递品牌心智、打造品牌力，已经成为商家在直播生态中的典型玩法。事实上，快手也为商家总结了类似的经营思路，店铺自播和私域流量的运营成为商家在直播电商业务中的重要经营举措。

如何判断直播电商成了一个成熟的行业，而不再是传统电商的衍生部分？除了行业的规模之外，答案也许就在供应链创新。

只有具有特色的新商品、新服务、新模式、新设施诞生和成熟，直播电商才能充分发挥它的价值。现在，这一切方兴未艾，正待从业者去创造和实践。

　　本章作者：李洪昌（杭州魔筷科技战略经营中心总监，曾供职于vivo、网易考拉，浙江大学心理学博士）

第六章

直播电商的社会影响

用户量的迅速增长，不仅充分显示着直播电商这一模式的巨大商业价值，同时也预示着这一特殊的社交、传播方式可能会给用户个体、不同文化群体，乃至整个社会带来深远影响。这些影响不仅涉及参与者心理健康状态的提升、新型社交习惯的形成、网络社交信任的构建、社群（主题／产品）类别的极大丰富和受众的精准分类，还在分众传播的基础上发展出"分众交互"式的信息传递模式，建立全新的用户反馈信息定向收集、精准处理、快速返回的机制，形成高效的设计—生产—销售—反馈闭环，促进产品的柔性设计、制造体系构建，并进一步促进产品谱系的拓展。

心理健康、在线信任和分众信息交互网

低成本才智变现带来的自我认同

　　从新型社会价值评价体系这一出发点来说，移动互联网直播行业的兴起提供了更加多元的评价标准。直播电商在赋予用户更多选择的同时也大大增加了个体的价值体现方式。移动新媒体网络直播这种信息传播形式大大降低了公众参与传播的门槛，使得普通个体能够以更低的综合成本投入传播、发掘自身价值，并在虚拟环境中实现个人价值的极大化发挥。它不仅搭建了普通大众之间的新型沟通、交往、宣传和娱乐方式，也拓宽了个人才智的展现和变现①渠道。

　　移动新媒体网络直播这一全新传播体系的出现、发展和日趋成熟，逐渐赋予了包含主播和受众在内的每一位用户个体更多的自主选择权、自我认同感以及同类文化认同感，而这些都有助于提升个体的自我效能感，并进一步促进个体的精神健康。网络直播，尤其是电商类直播，为身处这一传播环境之中的用户进行自身才能挖掘以及自身价值提升开辟了高效便捷的道路，使用户的个人兴趣得以功能化、价值化。其高效的"才智变现"能力激发了用户前所未有的创造力、自我意识以及对自身价值的全新认知。如今，从主播群体到普通受众用户，人们对于直播的使用、热爱，甚至依赖，几乎都隐含着他们对表达自我、获得认可、交流互动

---

① 变现，原意是将非现金资产和有价证券等换为现金。本书中"变现"一词用于表示将非有价资产类对象转化为财富收益。

的隐性期待。这些基于社交和自我认同需求的隐性期待与移动互联网时代的精神健康有着密切联系。精神健康的特点包括：人际关系协调、具有良好的自我认知和自我接纳意识、能够激发创造力、自己是自身力量的主体和动因。人本主义精神分析学派代表埃里希·弗洛姆于《健全的社会》一书中指出，人们的精神健康依赖于人类特有的那些社会和情感需求所获得的满足。[1] 这些社会和情感需求主要包括：人们需要保持与外界的接触与联系，需要归属感，需要身份感，需要认同感，需要自我价值感，需要定位坐标系及信仰对象。

移动新媒体网络直播这一传播形式几乎同时满足了上述所有的心理需求。首先，直播这一实时交互的传播形式为包括主播在内的所有用户营造了最接近于现实世界的与外界联系、交流的空间。再有，其相对较低的传播成本、新颖的形式、多元的内容、强烈的参与感等特点，为主播提供了更易满足的传播条件，使更多人可以以更加简单的方式建立以自己为中心点的传播空间。这一传播空间的建立通常基于主播的个人兴趣和自身特点。这些鲜明的个人特点又吸引了有着同类偏好的受众并将其留在该传播空间当中，以主播为中心联结成一个特定主题之下的信息传播交流网。这可以理解为：每个直播间都是一个具有特定主题和特点的组群，由于较低的门槛，在"全民参与"的移动新媒体网络直播平台上存在着极其丰富的具有不同主题和人群特征的实时交流组群，使得几乎所有用户都能够找到与自身特点联系更加紧密的组群。以快手平台为例，大量带有身份、地区、兴趣爱好等特征的直播间为受众提供了极大的选择空间，甚至能够在高度细分的特征领域中为受众提供充分的归属感。也就是说，新媒体直播平台上的组群标签更丰富，规模更大，更加充分地满足了有着不同特征画像的用户群体。伴随着具有相同或相似喜好的粉丝进入、停留以及关注直播间，主播从中获得的被认同、自我认同等心理满足感自不必说，更有趣的是这一传播交流网络所惠及的还有广大粉丝群体。在直播间中，粉丝用户既是观看者，也是网络直播内容的重要组成部分。他们的参与以及和主播或彼此之间的互动交流也成为其他用户的观看内容，且时常能够获得主播以及其他粉丝的实时回应、互动以及肯定，这一点在相当的程度上满足了用户个体被了解、被关注、被接受和认同的内在需求，进而在很大程度上有效提升了用户的自我认同感。

疫情催化下的新型社交和在线信任

在移动互联网时代，全新的媒介给信息的生产、加工与传播带来了更加便捷的手段，使得移动传播媒介迅速普及，并渗透到人们的日常生活乃至精神状态当中。在移动新媒体网络直播领域，主播与手机，受众与手机，越来越融为一体。人们在移动互联网时代和精神消费时代中逐渐找到了在线互动交往的新型社交模式。

直播电商对社交这一需求的满足，在新冠肺炎疫情期间得到了较为突出的体现。2020年年初新冠肺炎疫情的暴发以及随之而来的长时间个人、区域、国家间的"封禁"状态引发了现代史上空前的全球性危机。在宏观层面，全球经济、社会、地缘政治等多个领域随着疫情的持续蔓延而陷入危险与动荡；在个体层面，这场公共卫生危机使得许多人们习以为常的生活状态在短期内飞速瓦解。值得庆幸的一点是，这场事关存亡的危局之中也蕴藏着变革的潜力。长久以来无数学者和专家反复提及的"数字化转型"，在这场危机的影响之下获得了跨越式发展的动力。在这场史上最大规模的封禁之中，数字领域取得了决定性乃至永久性的发展，大量数字技术的广泛应用至少提前了两年。[2] 线上购物这种最大限度地满足封禁状态下的人们基本生活需求的商业模式和服务自然而然地成了疫情之中的最大受益者。其中直播电商这一创新型线上商业模式所取得的惊人成绩尤为引人瞩目，短时间内大批商家、网络主播乃至各大主流媒体纷纷投入"直播带货"的阵营之中。探究这一特殊的商品推销方式的成功因素时，我们很自然地将关注点聚焦在了"直播"这一兼具社交属性与娱乐属性的信息传播方式在商业领域的应用之上。

　　人是社会动物，对社群与社交的需求是一种本源需求。新冠病毒的传播进一步加剧了这种需求的强烈程度：疫情带来的被迫封禁状态使得人们与原本所处的社群和社交关系相隔离，在持续封禁的状态下，从教育、工作到社交，我们日常生活中的大部分活动已经完全依赖网络，由此产生的孤立感和孤独感成为人们寻求建立新型社会联系的催化剂。直播电商在这一时期不仅为人们提供了居家购物的便利，同时其还因将"营销场景"与"社交场景"紧密融合的特点，在商业活动的参与者之间建立起了超越空间阻隔的新型社交联系，通过直播间这样的在线交互环境的构建，将消费者从彼此隔离的"孤岛"带入一个有他人虚拟在场的线上购物主题交流情境之中，恰到好处地帮助人们消除了封禁时期的焦虑感和孤独感，满足了此时人们强烈的社交需求。同时，直播电商营销所具有的娱乐属性也在这一时期为突然失去了多种线下娱乐方式的人们提供了新的娱乐选项。宅在家中的时间增多，势必带来休闲娱乐时间的增加，于是有更多的人将更多的时间投入直播间当中。QuestMobile[①]的统计数据显示，疫情暴发期间，中国大陆地区移动互联网用户的使用时长比平日增长了 21.5%，在活跃用户数量方面，社交、视频和电商占据了前三名。在各种直播间的虚拟场景当中，受众与主播之间以及受众彼此之间根据各自感兴趣的话题进行高频互动交流，使得直播间逐渐成了越来越多的粉丝用户的"精神自留地"。长时间的娱乐接触和交流接触使得主播与粉丝以及同一直播间的粉丝之间建立了更加稳固的情感联系。这种新型的社交情感联系，进一步转化为直播间内的"社交信任"乃至"消费信任"，使得在这一环境当中的商品信息传递及消费行为触发取得超越其他传播方式的极佳效果。

从分众传播到分众交互

在移动新媒体网络直播所处的新型社交环境中，传播具有门槛低、成本低、形式新颖、内容多元、参与感强等特点。直播电商又提供了一个将主播的个人兴趣进行功能化和价值化的平台。

---

① QuestMobile《2020 年中国移动互联网"战疫"专题报告》。

这一价值化的巨大吸引力，促使主播更加积极地投身内容生产和传播。伴随着传播主体数量的飞速增长，优质内容和分享价值成了网红主播提升营销效果的两大核心竞争要素，只有不断输出有价值、有特色的内容才能保证持续增长的关注度和粉丝活跃度。为了更有效地吸引粉丝，主播极力打造自身特色，塑造差异性，与他人相区别，吸引能够与其行为和特征产生共鸣的用户，形成以其自身鲜明特点为核心的交流圈，进行以"社群"为依托的直播活动。

在主播的差异化特征塑造以及受众的个性化内容选择过程中，移动新媒体直播间已经不再是传统的"广播式"传播环境，而是一个个由主播及其粉丝的个人兴趣偏好构建的标签鲜明的个性化"分众传播"空间。在这个空间里，主播根据自身特点进行内容呈现，就好比是在微信上将具有同一属性的用户拉入一个群里，并在群里进行高度聚焦的信息传递。

分众交互不仅具有信息传递优势，还具有高效的信息反馈收集功能。而分众交互反馈收集的商业意义，不在于信息收集本身，而在于信息的加工和提炼。主播正是由于对某类群体有着深入的理解，所以才获得粉丝的认同，从而形成"交流圈""社群"。主播通过对粉丝的反馈进行汇总和分析，使得有用的信息得以从海量的反馈中脱颖而出。对传统的制造商而言，即便有渠道获取这些信息也无法精准理解，从而使之转化为能够满足某一类特殊需求的商品。商品需要有人精准地解释和代言，而这就是主播存在的意义之一，也是他们被称为关键意见领袖的原因。换言之，在商业背景下，在直播带来的交互传播中，信息不是简单的一来一回，而是有中间人对其进行加工和提炼，这一个新增的环节直接催生了制造的定制化、小众化、柔性化，其带来的社会影响我们将在下一节当中继续讨论。

直播电商对商品供给与中小企业生态的影响

直播电商增加了整个商品市场的总量

不了解互联网电商的人往往会小看直播电商的推荐能力。这种能力不仅在微观层面降低了小众商品的市场激活成本，更在宏观层面增加了整个商品市场的供给总量。

直播电商与传统网络电商的结合可以消除传统零售商品覆盖市场的成本。传统零售的一个特点是，你必须把商品摆到客户看得到的货架上，然后才能完成售卖。如果一个企业想要自己的商品覆盖一个城市的 10 个大超市，每个超市陈列 1 000 个商品（此处为了简化讨论，不考虑上架费等其他零售成本），那么它至少需要生产出 10 000 个这样的商品，然后才能覆盖市场。另一方面，商场陈列什么商品合适，要看这个商品陈列出来后能不能迅速售卖出去。这就涉及商场的单位平方米月销售额，因为单位平方米销售额越高，商场就越挣钱。因此，如果一个商品的消费人群不足，消费频率过低，零售商场就不会陈列这类商品。

这就意味着，商场所在的城市人口越多，人口的消费能力档次越全，各种细分领域消费的人群越充足，就越能支持更多的商品品类被陈列出来。相反，如果一个地方人口稀少，那些消费人群少、消费频率低的商品就不会在该地区陈列销售，该地区的零售商品会向人群消费比例高、消费频次高的商品收缩。

我们可以从传统零售的卖场商品种类统计中清晰地看到这一市场规律。一线城市中类似沃尔玛这类零售大卖场，面积可达2万平方米左右，每平方米的商品陈列种类是0.8个。因此，一线城市的零售市场可以销售1.6万~2万种不同的零售商品。人口在百万级的三线城市，其卖场商品种类就会减少到3 000~6 000种。如果是人口在数万人的县城或乡镇，其零售卖场的商品种类就仅有数百种。服务数千人口的乡村超市，零售商品一般只有200种左右。

在传统零售时代，一个商品一旦属于不能满足大众的普遍需求的商品，这个商品的销售网络就只能局限在大城市。这也是以前人们常说的到大城市更能买到新奇的商品的原因。

在直播电商与传统电商结合后，从人找货的角度，乡村的用户可以和大城市的人购买相同的小众商品；从货找人的角度，乡村的用户也可以在第一时间接收到和大城市的人同样的新品推荐。

因此，通过直播电商与传统电商的结合，小众商品从覆盖大城市的传统零售市场开始，最终覆盖了物流通达的全国下沉市场。

根据第七次全国人口普查数据，目前约有5亿人生活在农村。直播电商和传统电商对这个市场的渗透，将5亿人采购的商品种类从数百种拓展到数十万种。这对所有的小众商品而言都是一个巨大的福音，对整个社会的商品经济供给来说也是一次质的提升。很多人好奇，为何兴起于下沉市场的快手，会比在大城市更为普及的抖音在直播电商领域更为领先？一个重要原因就在于，快手的用户在线下零售和传统电商平台上获得的商品供给，远没有直播电商这种货找人的方式丰富；而大城市的用户由于原本就拥有丰富的商品供给，因此直播电商对其的冲击力没有那么大。

短视频对人们的精准分类及其与直播电商的结合，必将拓宽我国的商品谱系，提升直播电商的潜力

短视频和直播的结合，拓宽了新兴商品向用户推广的信息带宽，加速了新产品在市场上的普及速度。这样的商业模式缩短了新产品推广的启动时间，有利于新产品的诞生，可以拓宽一个国家的商品谱系，从侧面增加国家的商业竞争力。

用户观看单次广告的平均时长较短，导致商家需要持续投放广告很长一段时间，以获得足够的新商品种子用户，这也是新品推广的重要门槛。无论是传统的电视广告，还是电商的精准广告，其用户的被动接受时间都仅有3~8秒（手机开屏广告、视频贴片广告的平均浏览时长都只有数秒），很多用户甚至一看到广告就会划走。即便是在电视节目中插入的软广告，其介绍时间一般也只能达到10~20秒。这样强度的新产品宣传，效果极为有限。这也是为什么前互联网商业时代，想要推出一个更新消费者认知的新产品，一般要花高昂的成本进行大量的长软文宣传，配合铺

天盖地的传统广告轰炸。只有经历长时间的广告轰炸，才能不断积累用户的兴趣，占领用户心智，最终促成用户的了解与尝试。

直播电商正是可以降低这种新产品市场推广时间门槛的重要商业模式。直播电商中存在一类主播，叫作垂直领域主播。垂直领域主播往往具备深厚的行业知识，在自媒体领域，这类人被称作关键意见领袖。这类主播长期输出同一个商品领域的知识、产品和评论，他们的粉丝基本由这个领域的发烧友和爱好者组成。他们通过长期的内容输出，不断积累粉丝的信任度。这种信任度转化到直播电商上，其中重要的一点就是用户愿意付出的商品介绍观看时长。

垂直领域的主播和受用户信任的主播在直播介绍产品时，用户接受的介绍时间可以长达 1 分钟左右。如果是产品的短视频，用户的接受时间可以延长到 3~5 分钟。这样的注意力时长，大大提升了产品介绍的质量，同时也降低了产品推广时获得种子用户的门槛。相对传统商业社会来说，直播电商主播的这种优势，缩短了新商品推广的启动周期，降低了商品创新的门槛。

提到垂直主播，美妆界就有很多知名垂直主播。他们在自己的领域，可谓将垂直主播对新品的推广能力发挥到了极致。我们可以通过对比美妆界垂直主播出现前后行业头部企业崛起时间和崛起方式的变化，来评估垂直主播对新晋品牌的影响。

完美日记是垂直主播崛起前利用传统互联网推广方式获得成功的美妆品牌。它在 2016 年诞生，2017 年才有天猫旗舰店，2019 年就成为天猫美妆销量第一的品牌。完美日记的崛起从

2018 年 2 月开始，其在以小红书为主的图文平台海量投放种草文案，投放时间从 2 月一直持续到 12 月，几乎用了一整年的时间，其销量直到 2018 年"双 11"，才在购物节各方囤货的情况下开始明显攀升。根据增长黑盒团队提供的数据，完美日记从海量的广告投放到销量迈入一线大牌行列，用了大约 8 个月时间。

在垂直主播诞生后，彩妆的头部宝座很快易主给了花西子这个品牌。2019 年，花西子选择了最当红的垂直主播作为首席推荐官并迅速爆发，一跃成为国产彩妆头部品牌之一。根据国元证券抓取的淘系平台彩妆类成交数据，2018 年，排行第 20 位的店铺成交额为 1.2 亿元，而当时花西子的全年销售额不足 5 000 万元。在 2020 年一年内，花西子在其首席推荐官的直播间出现了 77 次。《2020 年直播带货趋势报告——主播影响力排行 TOP 100》显示，2020 年 6—12 月期间，花西子是直播带货销量最大的品牌。品观 App 统计发现，2020 年前 7 个月，花西子一共发布了 6 款新品。其中，在首席推荐官直播间出现过的产品，月销量在 1 万~20 万笔，没有出现过的产品，月销量仅为 1 000 笔左右。2019 年，花西子在淘系平台的成交额为 10.2 亿元，2020 年这一数据达到 27.5 亿元，花西子也超越完美日记成为淘系平台上成交额最大的彩妆店铺。

完美日记的销量攀升到一线大牌用了 8 个月，而花西子 2019 年 9 月底签约垂直主播，仅用了 3 个月时间，就将当年的产品销量带入了一线大牌行列。这两个时代的营销冠军在新品启动推广时长上的差异，或许很好地反映了直播电商给新产品启动带来的助力。

美妆类垂直主播的案例也被其他垂直行业争相效仿。例如，小米众筹这个平台上大部分都是众筹物联网新兴产品。众筹，顾名思义就是这个商品根本还没完整地做出来，只有一个设计，需要先收到感兴趣的买家的钱，设计方再开模生产。众筹其实是目前市场上新品产生门槛最低的方式。笔者的数据团队统计了2019—2020年众筹完成率（众筹最终收到的订单量和众筹成功所需的最低订单量的比值，该比值越高，证明这个还没诞生的新产品市场接受度越高）最高的30个新产品，其中，有14个被整个直播电商领域排名前10的头部主播推荐过，26个新产品都被不同的直播电商主播推荐过。其中完成率排名前10的产品中，只有一个没有被直播电商主播推荐过。由此可见，用直播电商来促进新产品的推广，在物联网产品行业中，也已经被认为是有效的策略。

商品谱系对一个国家意义重大。在一个国家的商业网络中，诞生新品的门槛越低，效率越高，商品谱系越全，就意味着该国家的商业竞争能力越强。第二次世界大战后至今，除中国外的三大经济强国——美国、日本、德国，全部是商品经济大国。尤其美国，几乎每一个具有跨时代意义的标志产品都诞生在美国，如工业化流水线的标品——汽车，个人电脑，手机，乃至如今的智能手机。

最前沿的新品诞生于哪个国家，哪个国家在整个产业生态的建立以及产业链的发展上就有先发优势。因为这个标杆商品对应的商业模式和相应的产业链几乎都会先在这个国家形成。相信直播电商这样的商业模式可以促进我国诞生出新时代的"撒手锏"产品，为我国的商品谱系做出重要贡献。

社会需要直播电商行业有更为专业的运营者

当下直播电商的问题

没有人怀疑当下直播电商的热度，但是直播电商的马太效应十分严重，少数头部主播占据了行业最优质的资源，大量的腰部主播生存十分艰难，尾部主播只是因为当下的风潮在坚持运营。同时，除少数专业 MCN 外，大量跟风进入直播电商行业的 MCN 其实并不理解这种新兴商业模式，以急功近利的模式运营，劣币驱逐良币，对行业的健康发展产生了极为不利的影响。

马太效应

当下的直播电商存在严重的马太效应。如果没有技术和商业模式的进一步提升，或者平台的主动干预，现有主流平台（淘宝、抖音、快手等）的直播电商流量和 GMV 会进一步朝极少数头部主播和大型品牌自有直播账号集中。

根据中国消费者协会和京东物流研究院的调研，当下直播电商的消费者下单的原因中，排在前四位的分别是商品性价比高（59.6%），展示的商品很喜欢（56.0%），价格优惠（53.9%），限时限量优惠（43.8%），如图 6–1 所示。我们可以非常清晰地看出，目前直播电商的火爆有一个非常清晰的基石，就是超低的价格。

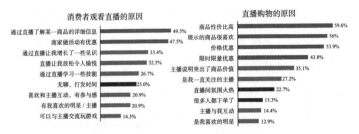

图6-1　直播电商的消费者下单原因

数据来源：中国消费者协会、京东物流研究院

　　价格优势也意味着当下的直播电商中马太效应会越来越严重。因为商品单次销量越高，成本就能降得越低，而主播的影响力越大，单次销量就能越高。二者很快就会循环加强，越是头部主播，越能将商品的价格压到最低，从而进一步巩固自己的头部地位。我们从数据上也很容易观察到这样的现状。2020 年 6—12 月，在销售情况方面，百大主播的带货销售总额接近 1 130 亿元，总销售量达到 9.36 亿单。其中，三个头部主播的销售金额就达 400 多亿元。而 2020 年下半年，中国直播电商的全部市场总额是 6 000 亿元左右，三个头部主播销售之和就占到了市场上约 7% 的份额，前 100 位主播的销售总额占到了市场上 15% 以上的份额。相比这前 100 个主播，整个市场上长期活跃的主播有 40 万人，其中 2020 年上半年，单抖音一个平台，新增的电商主播就有 285 万人，其中大部分人的直播业绩十分惨淡，甚至几乎为 0。

　　不仅如此，在头部主播之间，马太效应也开始显现，前 10 名的主播总销售金额为 630 亿元，占百大主播销售总额的

55.75%。另外，直播电商中很多交易额来自商家自己的直播，例如淘宝直播中，60% 的交易额是由商家自己通过直播完成的，而不是由网红主播来完成。这个结果也非常好理解，因为直播电商的基石是最低价，一个货物的商家本身，最容易给出持续的最低价，毕竟"没有中间商赚差价"。因此，整个直播市场中，抛开极少数头部主播，数百万的尾部主播业绩其实极为惨淡。

劣币驱逐良币的淘汰机制

这样的市场状况引出了一个不利于行业良性发展的结果，即整个直播行业在腰部和尾部主播上呈现劣币驱逐良币的现象。市场上一面是大量主播刷量作弊，欺骗商家的行为层出不穷，极大地伤害和透支了整个行业的信用度；另一面是诚实经营的主播得不到任何支持，业绩趋近于零，有被大规模挤出市场的风险。

由于头部主播巨大的光环效应，稍微有点儿流量的人就想带货，稍有点儿资本的人就跟风开设 MCN，他们其实对直播电商的理解非常浅薄，其直播运营方式处在非常粗暴的状态。以抖音、快手为代表的互联网流量平台，因为要互相竞争直播电商的市场份额，对于主播行业采取的是积极鼓励的态势。例如，抖音在 2020 年推出的百万开麦计划，用 DOU+（抖音内容加热和营销推广产品）流量和曝光流量等方式，扶持粉丝量大于 1 万但是还未开始直播卖货的网红加入直播电商行列。在这样的商业环境下，大量投机者涌入这个行业，而投机者的特点是急于变现，不考虑长期。以投机心态跟风而入的 MCN 和网红急于变现，买单的自然是互联网运营能力弱，同时商业实力也不强的中小传统商家。实力雄厚的零售品牌可以直接找头部主播合作，他们的直播销量和品牌传播效果都有保障，但是实力弱，同时又不擅长互联网运营的中小传统商家，就成了投机 MCN 和主播眼里最适合的"韭菜"。投机者通过伪造数据，给商家画出了一个玫瑰色的大饼，在收到钱后，依靠刷单然后退单的方式，让商家空看了一场热闹，对生意没有任何益处。很多直播专场里，甚至没有一个真人，最后的成交中只有 MCN 机构自己象征性地购买了几单。而那些本来诚实运营的主播，由于没有伪造数据，在接单的市场上很难被互联网运营能力欠缺的商家辨识并且信任，最终落得无单可接。

直播电商未来的发展方向

现有主播的分类

如果单看直播电商供给侧的主播人群，那么热火朝天的市场其实由四部分主播组成，其中第一部分是顶级头部主播。他们站在直播电商的顶端，其商业化能力远超传统自媒体和绝大部分明星艺人。他们能够从多个渠道获得巨额的收入，是资本市场的宠儿。这批顶级头部主播能够以最低的价格拿到最好的货源，他们和最具竞争力的商品品牌一起，拿到了直播时代的红利。

第二部分是数百位普通头部主播，他们或是在顶级头部主播的体系之下，或是在财经、游戏、数码、汽车、玉石、酒类等需要相对专业知识背景的垂直领域站稳了脚跟，拥有细分市场的掌控能力。他们虽然拿不到顶级头部主播那么高的收入，但是依然算是时代的幸运儿，拥有远超一般打工人的收入。

第三部分是腰部主播，他们拥有一定的粉丝，已经投入了相当的运营资源，但是对上，他们拿不到顶级头部主播那样有竞争力的价格；对下，他们面临劣币驱逐良币的恶性竞争，处于艰难支撑的困境。

第四部分是大量对行业认知浅薄，新晋入行的尾部主播，他们很多仅仅是被社会风潮带动，抱着试一试的心态加入了这个行业，并不具备商业价值。但是这部分主播数量极为庞大，全国有数百万人。

直播电商可能的发展方向

直播电商的供给侧（排除商家自有主播）如果持续现在的状况，没有任何改变的话，其发展方向是演变为一个由几位顶级头部主播和数百名垂直头部主播或顶级头部主播体系里的主播组成的寡头市场。数百万的尾部主播会以自娱自乐的方式参与非商业化的直播，数万乃至十余万腰部主播会因为劣币驱逐良币被逐出市场。一个高度头部化的市场难以成为一个有效的市场，同时一个高度头部化的市场对于中小商家极为不利。这样的市场结构甚至会最终反过来拖累互联网流量平台本身。

在中国制内市场 [①] 的体制 [3] 下，政府和社会对互联网平台

---

① 制内市场是一种在中国的漫长历史中不断演进的政治经济体制，在这种体制中，市场并非自主的、自我调节型的秩序，而是一个以国家为中心的秩序的组成部分，服从于国家治理的规制。

的期许是"互联网平台搭台，中小企业唱戏"。互联网巨头只有促进中小企业更为健康、良性的发展，才能最终利于巨头自身、社会，乃至国民经济良性发展。如果平台巨头和社会监管机构任由大量投机性 MCN 和网红劣币驱逐良币，借助互联网运营能力的严重不对等性肆意欺凌中小商家，直播电商的未来必然会蒙上阴影。

互联网历史上已经有这类反面案例。曾经红极一时的多个平台，如今都陷入大量流量被少数头部主播把持，新晋主播毫无上升空间，民间优质创作者几乎都离开的境地。

直播电商行业需要给予尾部新晋主播上升的通道，更需要赋予腰部主播商业赢利能力。正如我们在前面章节所谈到的，无论是国家商品谱系的拓展，还是扶贫事业"一乡一产业""一村一品"的需求，直播行业都需要更为专业、更为多元化的垂直领域主播和组成更丰富直播带货矩阵的腰部主播。

从杜绝劣币驱逐良币的现象来讲，互联网平台与社会监管机构需要担负更多的责任，严厉打击各种作弊行为。

从商业生态来讲，社会在呼唤更为专业的腰部主播变现辅助机构。首先，直播电商并不是简单地卖货。它至少分为品牌形象塑造、市场种子用户获取、卖货变现等多重商业目的。例如，在打造一个扶贫产品的初期，一个可行的快速测试和迭代方式就是让多个具备自己目标人群影响力的腰部主播，分别带货不同的测试商品，做对比试验。又如一个商品在进行高价值的品牌推广后，一个重要的变现方式是让大量的腰部主播多次给目标用户推荐同一款产品，用高频的触达率提升商品的综合成交转化率。互联网平台和社会都应该尽可能地创造机会，支持更为专业的腰部主播辅助机构崛起，最终达到促进直播电商良性发展的目的。

本章作者：杨静（中国科学院计算机网络信息中心助理研究员，新加坡南洋理工大学博士）
尹睿智（昊源集团 CTO，新加坡《联合早报》思想中国科技专栏作者）

第七章

直播电商生态中的估值与并购

本章从资本的角度去理解直播电商生态中各个参与角色的作用。我们认为直播电商这种新的商业模式缩短了厂商与消费者之间的距离，同时建立起了一种更为立体的产业协作模式。在这一模式下，传统的估值方法因为无法忠实地描述直播电商生态中相互协作的商业本质而失效，因而需要一种新的估值分析框架。我们建议了一个这样的模型，并且管它叫"二维模型"。

　　我们尝试用产业并购的逻辑讨论和预测直播电商行业的整合与发展趋势。我们发现在"二维模型"下，传统产业并购延伸产业链条、扩大经营规模的逻辑一并失效，资产买过来未必能让公司发展得更好，反倒是在抓住内容与流量的前提下不断开放与合作来得更经济，也更符合直播电商的商业本质。

从一维到二维——直播电商背景下的 新分析框架

小小的变动带来大大的变革

我们熟知的、传统的商业组织形式是链条式的，厂商／品牌通过一系列的采购、加工、包装等工序生产出产品，然后通过经销商或者超市、百货、专业连锁等各种渠道销售给终端消费者。因为有货物传递的方向与次序，所以才会有产业链、上下游、增值税这一系列的概念，即便如电视购物、传统电商的出现也未能改变这一格局。这样链条式的结构，我们可以简单地理解为"一维"商业组织形式，直观、逻辑清晰、好理解。随之而来的，这样的商业组织形式也伴随着必然会发生的成本。比如时间上，后序工序一定要等前序工序完成，消费者需求也通常滞后于商品生产；再比如空间上，货物的生产一定会伴随着物理上的转移，从而造成运输成本与损耗。

直播电商的出现，没有本质上改变链条上每一个环节所做的事情，但却改变了整个商业组织的形式，具体表现在了把原先需要有时序性的工作通过相互协同并行完成，从而缩短了厂商／品牌与终端消费者之间的距离。简单理解，就是原来"一维"的商业组织形式扩展到了"二维"，原先链条上的参与主体现在像一个"平面"或者"筛子"一样被组织起来实时、同步地向厂商／品牌与终端消费者提供服务，使得两者更加贴近对方，甚至直接对话。我们用下面的示意图表示这一新的商业组织形式，并形象地称之为"二维模型",如图 7–1 所示。

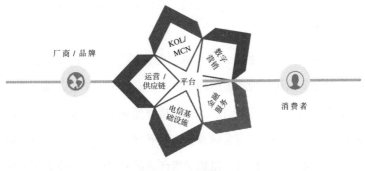

图 7–1　二维模型

在这样一个二维平面上有着众多的参与者各自发挥着不同的作用,我们把他们分成五个基本类别,包含了我们认为对撑起直播电商生态所必须发挥作用的所有角色,后面读者可以慢慢体会,为何我们会分成这五大类而不是其他。

平台是直播生态的架构师、中心枢纽:典型代表包括淘宝、抖音、快手。

KOL/MCN 是内容的提供方,流量的源头,商业信息的载体。

运营 / 供应链是直播电商商业组织形式中各个环节的串联者,例如为红人们提供选品服务,保证物流发收退换的顺畅,组织利润分配,品牌代运营等等:这一类中比较有代表性的有中国有赞、微盟集团、魔筷科技等。

数字营销,即为各个环节的参与者提供统计、咨询、算法、大数据等服务的第三方机构,比如直播眼、壁虎数据等。我们把广告代理与投放也包含在这一类中一并讨论。

电信基础设施：5G、腾讯云、支付宝等。

金融服务：商业保险、保理、小额贷款/消费贷款机构、银行分账系统等。

直播电商三大平台，业界称"淘快抖"，分别代表着不同的运营思路。以淘宝为代表的纯正电商企业，生态丰富，本就是流量中心，物流与运营能力强大，嫁接直播是原有商业模式很自然的延伸。抖音偏重经营公域流量，依靠强大的中心分发逻辑，将广告效应发挥到了极致。以快手为代表的私域流量注重圈子和社交，化自我认同为购买力。中心、分散以及流量变现，内容、社交及传统电商延伸，媒体、社区和交易这些成组概念经常被拿来互相比较。

二维模型中围绕直播平台的五个角色，电信基础设施和金融服务两类比较成熟，板块也相对独立，所以接下来的讨论中，我们重点关注 KOL/MCN、运营/供应链、数字营销这三类，这三类角色的核心也刚好对应了"淘快抖"，如图 7–2 所示。数字营销产业链的终端是媒体，本质是公域流量的挖掘变现，是对用户有限时长的抢夺，对应了抖音；KOL/MCN 深度经营私域流量，相比公域流量成本更低，是以更低的流量价格抢夺用户时长，对应了快手；三家公司里面最擅长运营/供应链的，毫无疑问是淘宝。也就是说这三大平台在占据了直播电商生态核心位置的同时也各具独特优势，同样是 GMV，但是底层的估值逻辑是不一样的，它们未来的发展方向也预示着资本市场对整个行业的理解该如何转变。例如，抖音在愈发重视私域流量的运营，快手则在尝试采用瀑布似的视频呈现方式增加公域流量，淘宝本身是很好的私域流量运营池，但增量相对匮乏，所以需要和各方平台合作进行导流然后依靠供应链优势促成交易（例如李佳琦在抖音上吸粉，在淘宝上直播），各平台在发挥原有特色的同时亦有融合之势。

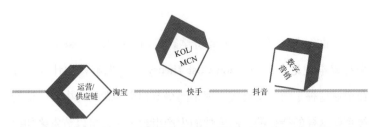

图 7-2　直播电商三大平台角色比较

自直播电商诞生以来，各类学术研究、行业研究都在共同探索这一新兴事物，其中不乏经典的思考与总结。二维模型不只是在呈现形式上做了些改变，重要的是我们在这一分析框架下有一些不同的认识和预测。

首先，我们相信是因为生态协同降低了厂商／品牌与消费者之间的综合交易成本，为消费这一行为乃至整体社会经济运行节省了物料、时间和资金。这样的协同是创造价值的，是合理的。

节约的交易成本是隐性的，综合的，有时难以量化（或者说在一维模式下难以量化），比如：终端用户为了挑选货品而付出的奔波，消耗在路上的时间；因为不恰当的市场调研或认知，商家生产出了不受欢迎的产品造成的浪费；商品在生产、加工、销售等环节因为物资的实际流转而按国家规定缴纳的税费，以及库存及流通环节中的损耗、折旧；为了商品的流通而发生的供应链融资、垫资造成的财务费用；无效的广告投入等。

节约了的成本在扣除直播电商运营所必要支出后的结余，应该在厂商／品牌、以平台为核心的直播电商服务者和消费者之间分配。

上世纪 30 年代，英国经济学家科斯（R. H. Coase）提出了交易成本理论（Transaction Cost Theory）[1,2] 来解释为什么会存在企业这种东西。交易成本理论围绕节约交易费用为中心，认为像企业这样的持久的、制度性的生产组织关系，可以节省诸如搜寻市场信息、进行谈判与决策、订立经常性契约、监督、执行、违约等一系列成本，因此有其存在的意义。

我们认为，直播电商这种商业组织形式可以看作是企业的升级版。企业是人与人之间相互协作的集合，直播电商就是良好分工的企业之间协作的集合。这样的协作方式，比之呈链条状传递的传统商业组织形式，更能够节省交易成本。企业与企业之间的信息更容易获取，重复性的谈判、立盟环节减少，监督与执行更加公正而有效率，出现违约报应也来得更快。这么优秀的商业组织形式之前没有出现是因为信息技术发展没有到位，企业与企业之间的信息流转不通畅，强行组织反而不经济。

辩证地看，直播电商这种组织形式也不是绝对的降低成本，也会有新的交易成本增加。如果细致地考察交易的成本来源和交易的基本特征，我们能发现主播与消费者之间相互信任的气氛是有利于节约成本的，但是粉丝狂热会导致有限理性，束缚其在消费时追求利益最大化，造成浪费。同样的事情也可能发生在主播与厂商／品牌之间。

交易成本理论还可以解释二维商业模式下，哪些商品更容易通过直播电商的形式售出。就是那些不确定性低、复杂程度低、客单价低、交易频率高的商品，例如化妆品、服装饰品、食品饮料、数码小家电等。因为这些商品以这样的形式进行商业活动，成本节约得最多。

其次，我们相信二维商业模式下，主播们充当了厂商／品牌与消费者之间的代理，这种代理关系以情感、魅力、专业等人文因素来维系，达成了以往传统商业组织形式达不到的代理效果，是整个二维商业组织形式的核心。因此，各平台都格外重视KOL/MCN 的建设，也就是流量的建设。主播作为一种全新的职业出现有其合理性，他们分享与之贡献相当的利益是很自然的。遗憾的是，流量——这一电商领域的"通用货币"的绝对价值没有任何办法量化衡量（当然黄金也没有绝对价值），这正是整个直播电商体系资产定价的难点所在，也是魅力所在，只能靠市场的价格发现，在一次次的交换中寻找动态的平衡。

1992 年，罗纳德·伯特（Ronald Burt）提出了结构洞理论（Structure Hole Theory）[3]，认为个体在人际关系网络中的位置决定了个人的信息、资源和权利，如果关系网中存在结构性空洞，那么将没有直接联系的两个行动者联系起来的个体拥有信息优势和控制优势，能够获取更多的经济回报。显然，直播平台和主播们充当了联系人这一角色，而且在某些领域比传统链条式商业模式下的零售商做得更加出色。

格兰诺维特（M. Granovetter）认为，拥有强关系的个体之间同质化程度高、拥有的资源也相似，因此个体不易从强关系中获取新的信息或资源，而弱关系恰恰相反，异质性使得个体更容易从弱关系中受益（Weak Ties Theory）[4]。在直播电商场景下，厂商／品牌、主播和消费者之间可以看作是一种弱关系的组合，给消费者介绍知名度较低的品牌、让厂商／品牌接触其他渠道触达不到的客户群体，都是有益处的。

如果我们认为一个主播能够给他的粉丝群里介绍一些他们熟悉的领域以外的信息或产品，那么我们认为这是一个"跨结构洞"主播。循着结构洞理论，我们可以得到如下各种推论：跨结构洞主播应该赚得更多，拥有跨结构洞主播的 MCN 应该效益更好；处于行业内企业网络中，占据经纪人位置的直播平台创新的可能性更高；基于"社交""老铁经济""私域流量"的快手应该比抖音更具备创造结构洞的基因，开展直播电商更有优势。这些推论有些已经被我们所熟知，有些还有待证实。

和交易成本理论类似，结构洞理论也不是一味地把我们往直播电商这种形式多么多么好的道路上引，而是辩证地认为直播电商有其存在的道理，但也存在降低整体社会效率的方面。希皮洛夫（Shipilov）等人以 1992 年到 2001 年间英国投资银行为研究对象，发现结构洞有助于企业地位积累，但不利于集中精力协作以提高市场绩效[5]。类似地，直播平台作为整场商业行为的组织者的确实现了快速崛起，达到优势地位后其增加结构洞的行为（它们大概率是有这个动机的）不利于信息的流动及企业间的协作，反而可能降低整张网络的运行效率。

结构洞理论还可以解释二维商业模式下"白牌商品"热销的合理性。可以这样简化而形象地理解，一维模式下商品和信息只能沿着一条线，即厂家—经销商—零售渠道—消费者，直线传递，消费者接触到的信息和商品是经过多个中间环节层层筛选出来的，毕竟经销商与渠道也倾向于卖利润高的产品，也即中间环节替一小部分人按照大部分人的选择做了选择。这样的情况下"白牌商品"就没有很多机会走入大众视线。二维模式下，消费者接触的是一个平面，在弱关系（Weak Ties）的作用下，由 KOL 及直播平台为核心组织起来的平面允许更多的商家/品牌信息渗透过来直达消费者，使得小众的、个性化的、定制的、品牌知名度低的商品得以展示，也给予了"白牌商品"一夜爆红的机会。

更进一步，二维模型支持 C2M。一维模式下，消费者难以直接对接厂商/品牌，无法传递诉求；厂商也没有能力去接待每一位消费者，或从众多的反馈中提炼出具有商业价值的诉求。二维模式下，直播平台填补了结构上的空洞，担任起了厂商/品牌与消费者之间的信息代理。对消费者需求有深刻理解的主播代表消费者与厂商进行沟通，厂商相应进行定制化生产或优化升级。通过这样一个循环，可以培育行业柔性制造的能力，也节省了时间、避免了资源浪费，还可以形成有效的价格歧视，使整个系统实现经济利益最大化。

二维模型下的估值挑战

二维模型下，我们认为由于以平台为核心的直播电商服务者通过相互协作共同完成对厂商/品牌和消费者的服务，对单独某一类直播电商参与者进行估值意义有限；对于平台而言，分类加总的估值方法无法反映生态体系内的协同。

公式是一维商业模式下的公式，到了二维商业模式可能不好使了。我们现在从业界常用的估值技术的角度出发，聊一下困难可能在哪。

估值三种基础方法，直播电商相关的早期项目多用比较法，成熟项目多用收益法，资产基础法基本用不到。

比较法又叫市场法，找到可比公司、可比指标就可以估值了。常用的方式是用 GMV 去预测收入，然后根据市销率或直接用 P/GMV 去算股权价值。上市项目常用 EV/EBITDA，可以弱化资本结构和不同地区税收的影响。核心概念是 Gross Merchandise Volume，这个概念是电商行业的一种通用语言。因客观业务性质或主观动机等原因，各家对于 GMV 的定义有所不同，但不论定义如何不同，GMV 一般都包含真实成交额、未付款订单金额、退货订单金额，也就是怎么大怎么算。相比之下，营业收入作为一个非常核心的会计科目，受到国际国内会计准则的约束，可调节空间相对较小，所以我们倾向于认为用营业收入进行估值要比用 GMV 直接估值准确。

既然如此为何大家还热衷于冒着估不准的风险用 GMV 衡量企业价值呢？除了 GMV 口径统计出来的数字看起来比较好看之外，这个指标的确能反映这个行业的一些特点，特别是在描述平台与消费者互动方面。我们拿一个比较基础的 GMV 计算公式举例：GMV= 流量 × 转化率 × 客单价。流量就是人气，不管是下单实际买了，还是后来退了，它多少代表了消费者的关注度。转化率和客单价代表着平台的商业化能力、运营能力、流量变现能力[①]，比如抖音直播卖货的客单价大于快手，意味着抖音吸引到的消费者群体单品消费能力更高，再比如快手的转化率高，因为老铁关系在发挥作用。所以 GMV 如果翻译成"人气 × 利用人气赚钱的能力"，这个指标就好理解了。

我们观察到几乎所有成功的新经济企业都会经历一个 GMV 暴增 500% 以上的阶段，也就意味着这个行业里面的企业可以瞬间爆发，在这个讲求寡头或垄断的行业里，成长性和想象空间就成了所有人关心的重点。我们简单统计了一下，发现 GMV 的走势和营业收入不完全拟合。也就是说，现有财务指标可以很好地描述企业既有的经营成果，但在成长性方面难以体现出估值优势。换句话说，一个企业即便营收很糟糕，但是如果能拿下这个行业大部分的交易额，那么也是值得期待的。

再说收益法。初创企业一般用不到收益法，因为不仅利润通常不是正的，自由现金流也未必能在短期内调正。第二个原因是

----

① 群组分析（Cohort Analysis）为研究平台客户留存率提供了有效的工具，但是核心假设仍然依赖主观判断。

如同 GMV 增长，直播电商行业多数成功企业都经历了三年复合增长率 100% 以上的阶段，但我们知道这样的高增长不可能一直持续下去，这种高爆发且未必永续经营的情况给套用流量模型增加了困难。第三个原因是 Beta 系数不好确定，Beta 系数体现了特定资产价格对整体经济波动的敏感性，通常通过回归求得。但在直播电商行业爆发初期，缺少足够的样本，或者说足够多的精准样本进行求解①。我们知道直播电商行业的 Beta 系数一定大于 1，但是究竟大多少没人说得准，这样就使得所有需要折现的模型都力不从心。

对于包含多个业务、多种生态的主体而言，通常会选择分类加总（SOTP）的估值方法。SOTP 尊重多个业务体系适用不同的估值逻辑，然后通过业务规模占比或其他考量分配权重，加总后得到企业估值。SOTP 是二维模型下最能够同时兼容打赏、佣金、广告、增值服务等业态的估值解决方案，但是也有其不足之处。如前文所述，二维商业模式最大的优势在于产业协同，这种协同既能带来流量的重复使用，也有成本的共享节省，还可能带来我们其他想不到的实惠。例如，可以为魔筷科技带来流量的入口仅为其旗下 SaaS 产品线，但通过整个生态的相互配合，其精准营销、网红培训、直销与代运营等板块可重复利用入口流量来产生可观的 GMV，从而获得市场认可的高估值。SOTP 模型下的协同主要体现在底层财务报表之间往来的抵消与成本的合理分

---

① 实操中，我们可通过 un-levered Beta 和 re-levered Beta 来进行替代，使得个案变得具有参考性。

配，属于常规处理，直播电商企业与其他性质的企业相比并无特殊之处，而权重分配这个动作本身也不体现协同价值，因此我们认为 SOTP 对于二维模型最核心的协同特征的描述能力是不足的。

除了上述问题之外，还有一些有意思的点，就是二维商业模式有一维模式想不到、想到也做不到的能力，类似科幻小说里面的"降维打击"。第一个是超大规模营销、调动全社会消费积极性的能力，比如"双 11"、年中大促、百亿补贴、好物节、年货节、超级品牌日等。离开了全民的参与，如此体量的营销成本是不经济的。

第二个是打造爆款的能力，例如蜂毒牙膏可以在短时间内在各大平台崛起，销量一飞冲天，一个不知名的品牌省掉了传统意义上口口相传需要的漫长时间，在极短的时间内通过多渠道、高频曝光将其递到了最有可能买它的人面前，离开了算法和主播的情感加持，恐怕也很难办到。

第三个是创造需求的能力，就是把你都不知道你自己需要的东西卖给你的能力。以前需求明确，人找货；现在需求不明确，货找人，甚至连货也没有，先营销再生产。通过社交互动，直播电商能发掘你内心最细微的想法，然后悄悄种下一颗种子，待其生根发芽最终转变为消费行为。有时营销机构比你还要懂你。这样诱导式或种草式的营销可能会造成一定程度上的浪费，特别是在消费者"冲动"的时候，但不可否认的是，有相当一部分销售实际上满足了人们内心更深刻的诉求，例如价值认同、身份认同、文化认同、地域认同等，是将真实需求开发出来并转化为商业活动，是实实在在创造价值的。

这三个能力创造了巨大的社会价值和商业价值，其带来的影响没有公式或者乘数可以乘一乘，算一算。

二维模式下谁更值钱？
——资本对于直播电商的认知

KOL/MCN 的价值包括公域与私域流量的运营及分配能力、增量与下沉流量的开发能力等；运营 / 供应链的价值包括非标与爆款的选品能力、供应链整合能力等；数字营销的价值包括数据挖掘能力、辅助工具开发能力等。

我们能统计到的与直播电商有关的早期投资事件（截止到 B 轮），从 2015 年 1 月到 2021 年 2 月，有关 KOL/MCN 的 25 起，其中有美 One，构美、无锋科技等高关注度项目，大牌投资者有字节跳动、小米科技、新浪微博基金等；有关运营 / 供应链的单数较少，仅有 4 起，比较有影响力的是快手、腾讯、唯品会等联合投资的魔筷科技；数字营销类的 5 起，高关注度项目有大鹅文化和中科智深，腾讯、新浪微博基金在这一领域比较活跃。我们顺便统计直播平台的投资事件，同一时间内有 23 起，比较有代表性的项目有玩物得志和咸蛋家。对比之下，KOL/MCN、运营 / 供应链、数字营销三类领域的早期投资者基本都是产业投资者，而投资直播平台的很大一部分都是专业的天使机构和风险资本，比如真格基金、赛富投资、IDG 资本、金沙江创投、纪源资本等。从这个角度讲，资本还是青睐想象空间大，有聚合效应的，能构建生态的平台类标的，垂直品类尤其受到重视。

我们再来看一下资本市场对于这三类角色的态度。由于内地证券市场监管原因，大部分像直播电商这样的新经济企业选择在美国或香港上市。我们筛选直播电商相关业务收入占总营业收入 50% 以上的 A 股上市公司，补充纳入了相关的美股和港股上市公司，并按照三类角色分类。以 2020 年 12 月 31 日为基准日，我们看到运营 / 供应链类公司总市值普遍较高，在静态市销率、市净率和 EV/EBITDA 这些估值指标方面均明显高于其他两类，某种程度上暗示着投资者对这一类企业的青睐。

KOL/MCN 和运营 / 供应链类公司在市盈率指标方面较为接近，算法 / 数字营销类明显偏低，而实际这一类公司的净利润水平又是显著高于其他两类的，暗示着投资者对于算法 / 数字营销类公司或低估或另有估值逻辑。

一个可能的解释是运营 / 供应链类公司的现金流更加友好，例如 SaaS 业务一般预收年费，钱先到账，后续逐步确认收入；而精准营销服务涉及广告充值垫资，增加了公司的现金流出与融资压力。能够形成对上下游资金的占用也是企业行业地位的一种体现。

另一种可能的解释是运营 / 供应链类公司能够在直播电商平台趋近垄断的行业里获得一席之地，多因为其自身有强大的股东背景或特殊能力加持。例如中国有赞手握稀缺的线上支付牌照，微盟集团旗下子公司是腾讯广告的 KA 金牌服务商，持有腾讯广告 11 个区域和 3 个行业的服务资质，魔筷科技不仅有快手、腾讯、唯品会等一干大佬支持，还有魔仓、直播基地等线下实体。上述能力和资源短期内是无法复制的。

对于流量之源的 MCN 机构，资本市场表现得相对理性，目前很多 MCN 机构还处于赔本赚吆喝阶段，流量成本高升与规模到达瓶颈使得 MCN 机构的盈利能力尚不能清晰显现。

与微观的估值逻辑完全不同，来自二级市场的专家们问的问题更加宏观、更加遥远，比如他们关心直播电商的市场规模到底有多大，五年后抖音和快手的终局日活会是多少，视频号能否取代抖音、快手，等等。他们解释说，看互联网行业不像看消费或者医疗行业，那些行业的企业可以用过去去预测未来，互联网增长太快了，行业格局转换也是一两年瞬间完成的，所以要想搞清楚一支互联网股票究竟有多大的上涨空间，我们首先关心市场总量的大小，然后再去研究这个细分市场里玩家们独特的竞争优势。研究个股固然重要，但是趋势更加关键。

关于平台，私域流量上升的空间相对更大一些。关于 KOL/MCN，虽然大平台买得多，但是大多买的是流量，流量本身没有价值，只有接入到平台通过整个生态才会发挥作用，才有可能间接反映到 GMV 或估值上去；加上门槛低、主播流动性高、个人素质参差不齐等因素，纯 MCN 机构在二级市场很难拿到高溢价，这一点与我们的前述论断也是吻合的。关于运营 / 供应链，纯卖软件和真正的流量变现工具是有很大差别的，估值原则上不可比；要做代运营还是要跨平台，面对大品牌要有议价能力，且交出漂亮的盈利表现才有可能博得高估值。关于数字营销，广告代理成长性不高，想象空间有限；大数据服务的趋势目前尚不明朗。

二维模式如何拓展和延伸？
——直播电商的并购与思考

还需要再买点什么？抖音和快手各买了哪些东西？

2014 年涉足投资业务开始至今，字节跳动的投资领域包括：社交平台、媒体资讯、工具软件、教育培训、金融、企业服务、汽车交通、人工智能、文化娱乐、硬件、游戏、电商、房产、服装纺织等 14 个大类和数不清的小类。投资标的规模普遍偏小，投资强度逐年增强并在 2019 年达到峰值。

字节跳动的投资并购策略业内已有广泛研究。一种观点认为，字节跳动通过并购快速获取并内化内容开发和技术研发实力，从而不断打造和巩固行业领先优势。字节跳动在业内有 "App 工厂"之称，部分 App 自己开发，也有相当一部分通过并购直接获取。并购标的原有研发团队也常在并购后被打散重组，以便更好地融合技术与人才。另一种观点认为，字节跳动通过一系列并购将其他公司的业务合并起来，博采众家之长然后打造新品，颇有老牌美元基金的风范。还有一种观点认为，字节跳动在收购时呈现出了"孵化器或者风险投资企业"的特点，广撒网，在每个领域进行圈地式投资。

第一种观点对于字节跳动持有褒奖态度，因为通过打造核心竞争力是企业长久的生存之道，但对其资本化或估值提升却是相对"笨拙"的一种方法。相比财务性并购，即通过并表营收、资产规模或盈利水平（或者 GMV）推高企业估值，收购小规模技术型、盈利能力尚未充分体现的公司很难在财务模型上占到便宜。这是做企业的思路，不是资本运作的思路，前者的眼光更加长远。

第二种观点更具有产业整合等资本运作的意味。产业整合能够成功需要三个要素，一个是对产业的深刻理解，就是知道一个领域里面什么是有价值且被低估的，谁跟谁组合能够发生化学反应；一个是充足的资金实力或融资能力；一个是企业整合和管理能力。这三个要素字节跳动都满足，唯一不是很明显的，就是收购标的间的协同，或者说没人能够从如此庞大的商业版图中总结出相对清晰的战略意图。

第三种观点也不无道理。字节跳动投资的企业里面除了石墨文档、快看漫画、清北网校等几个比较知名的垂直平台，其他大多为中早期企业，没有独角兽，更没有上市公司，增长潜力大，但风险也更高。

二维模型下，如果收购的企业与业务相互之间不能产生协同，收购将沦为数字游戏，对于整个商业模式的运行效率并无提升。一个数字营销的专业公司在平台体内和体外完全可以做得一样好，股权结构变动本身不创造社会价值或经济效益。

快手的对外投资与并购相较字节跳动起步稍晚，主要涵盖游戏／电竞、教育、人工智能、VR/AR/MR、娱乐及内容生态、短视频、电商服务、支付等领域。与字节跳动总体风格类似，快手投资也偏重早期，多在 B 轮之前出手。与字节跳动稍有不同，快手更看重黑科技、硬科技和产业变革相关投资机会，可能因为自家产品就颠覆了行业格局，所以沿着这个思路，一直在寻找下一代技术的突破点，颇有居安思危的意味。

例如快手投资的智能设备研发商 Nreal，主打 MR（混合现实）智能眼镜。融合多功能于一身的智能眼镜，最大的优势是解放双手，而移动屏幕也扩展了短视频和直播的使用场景，具备相当的想象空间。快手还并购了 Owlii，获得 3D（三维）全息动态影像技术。Owlii 拥有全息传送——三维人物的重建与传输技术，通过手机 AR 可以做到实时互动。

底层技术变革可以彻底颠覆已有的商业组织形式，从而改变消费行为与行业格局。如果说 4G 催生了短视频平台，那么 5G 又能带来怎样天翻地覆的变化，快手是有自己的思考的。AR/VR/MR 是 5G 的核心应用场景之一，随着全球 5G 的加速普及，虚拟现实技术可以突破时间和空间的限制，实现用户和等比例大小的真人、景区等虚拟形象进行互动，从而带来全新的交互范式和真正的沉浸式体验。更好地连接人与技术，快手可能有资格定义下一个十年。

商业模式并不会自动实现像一维到二维这样的跨维度发展，量变永远不会引起质变。但是科技突破可以做到。

快手在其招股书中披露预留募集资金的 25%（9,869.4 百万港币，约 80 亿元人民币）用于收购，内容、大众娱乐和软件，以及可以产生协同效应的业务和资产是主力投资方向，未来快手将展开怎样的资本运作令人期待。

我们按照二维模型中五个角色（KOL/MCN、运营/供应链、数字营销，并加上电信基础设施和金融服务两类）将字节跳动和快手 2014—2020 年投资的企业进行分类比较。结果显示，字节跳动在 KOL/MCN 这一类别投资并购的单数与交易金额都高于快手，再次反映了字节跳动对于内容的强烈需求；在运营/供应链类别，字节跳动与快手出手均不活跃，但是快手投出了魔筷科技，后者在 SaaS 及综合直播电商服务方面一枝独秀，也符合快手在电商领域的布局思路；在数字营销领域，双方旗鼓相当，字节跳动有拿象、拓客、灵豹、多说有益等进账，快手也有明略、一流、知衣、周同等公司加盟；电信及基础设施方面，字节跳动加注 5G 无线解决方案，快手更关心 AR/VR/MR；金融服务方面，字节跳动更重视社交与金融资讯，快手则出手易联支付，直接对支付牌照、海外支付业务进行布局。

除了这些行业巨擘，我们还可以看看主播、KOL 们如果做投资会考虑哪些方向，也代表着业内人士的选择和思考。2021年 1 月，某主播夫妇成立基金管理公司，开始涉足私募股权业务。此前该主播夫妇已投资十余家公司，主要领域涉及食品零售批发、服装服饰批发、商务贸易，与其以往的电商运营经历一脉相承。某头部男性主播拥有十余家公司股权，旗下公司业务偏重品牌策划与传媒，投资思路也可以与他的专业背景、某品牌推广与销售经历联系起来。KOL 们大多延续职业发展轨迹，对各自擅长的领域更加熟悉，资源也更加丰富，因此顺势而为，别样精彩。

境内监管的理解

根据我们的搜索，历史上与直播电商相关的境内上市公司并购交易一共只有 5 单，最终做成的只有 3 单，全部发生在 2019 年和 2020 年。天下秀借壳 ST 慧球是最亮眼的一单，因为借壳对于标的资产的要求是等同于 IPO 的，因此这单交易可以视作是境内监管机构首次全面认可红人经济相关资产作为内地证券市场的交易标的。拆红筹、买上市公司、吸收合并，其交易结构设计复杂而精巧。星期六收购遥望网络也是极具市场影响力的一单，也是 MCN 机构第一次通过并购的方式亮相资本市场。ST 狮头购买的昆汀科技是代运营服务商，因为采用 100% 现金收购，因此仅需履行交易所问询备案程序。天龙集团购买睿道科技因为标的资产业绩下滑而终止。元隆雅图收购有花果文化虽不构成上市公司重大资产重组，无需证监会或交易所审核，但后续交易主动终止，原因未详细披露。

尽管以上 5 单交易规模不同，方式各异，结果也大相径庭，我们仍然可以提取一些共性的方面进行比较。首先是收购的标的资产全部采用收益法评估，根据评估值计算的市盈率在 8 倍至 15 倍，符合境内监管的一贯审核思路；除有花果文化外，评估增值率在 211%~373%，考虑到直播电商企业属于轻资产行业，上述比例属正常范围；全部作出业绩承诺，除睿道科技外，业绩承诺年均复合增长率均在 30% 上下；加权平均资本成本均选取 13% 左右，永续增长率全部为 0。

我们再来看一下境内监管审核的关注点。通过梳理 5 单交易的证监会反馈及交易所问询，我们发现对于直播电商类标的的审核思路与其他类型的资产并无不同，仍然是历史业绩的真实性和预测业绩的可实现性。前者的关注点聚焦在客户供应商、收入利润毛利率的合理性解释，大一点的案子把往来科目也问了个遍；后者主要关心增长率、期间费用、营运资金的测算和折现率的选择。合规性问题涉及了用户隐私和行为数据来源是否合法、广告虚假宣传等问题，也比较常规。审核思路一脉相承的同时，我们也能发现监管在试图了解和学习这个新兴行业，例如有问题提到："请你公司结合报告期内标的资产 CPA 模式、CPS 模式、CPC 模式、CPT 模式、CPM 模式收入、业务量和单价变动原因及可持续性，同行业公司情况、可比交易情况等，补充披露预测期内收入、广告投放业务各计费模式收入、业务量和单价的预测过程、依据和可实现性""请公司补充披露说明公司经销业务和自营网上商店是否存在竞争、此类情况在同行业中是否普遍存在、公司如何处理代运营及营销服务和经销业务之间的潜在利益冲突事项"等。

三维模式或许并不遥远

直播电商新，新在哪里，本章从经济学及资本的角度给出了我们的思考。在新的商业模式下，我们看到原有的估值思路受到了挑战，原有的并购逻辑也不再理所当然。金融市场永远都是服务实体经济的，如果某个分析框架不再描述所发生事物的本质，那么所有的市场参与者都会有动力、也有义务去探索更有效的价值发现工具。在找到这一工具之前，市场必将经历一个懵懂的、混乱的、仁者见仁、智者见智的阶段。这个阶段有趣、刺激，孕育了很多财富机会，暗藏了社会前进的动力。

我们从传统的一维模式讨论到了二维模式，我们看到了二维模式下商业组织形式的先进性，例如大规模调动社会资源的能力，打造爆款的能力，发掘需求的能力等。我们也看到了二维的商业模式呼唤与之相匹配的定价方式，而资本市场对这一领域的理解显然是滞后的，二维金融工具相对匮乏。我们的金融体系、经济学及金融理论是学习欧美，而在电子商务这一块我们领先了他们。不仅在于几个网站、几个平台，那些我们有他们也有，而是在于先进的商业理念、扎实的物流基础设施和全民已经内化到理所当然的消费习惯。达到了这样的状态是商业模式的质变，确是开启了新的纪元。

按照科学常识，二维生物想象不到三维世界发生的事情，三维生物也理解不了四维世界的运行规律。但是，我们的商业模式却在不知不觉中进化了，到了更高的阶段。5G要来，物联网在升级，我们想象不出以后还会发生什么，只是一想到这个话题，就很兴奋，很期待。

我们要特别感谢那些接受我们访谈，为我们打开眼界的金融业同行、老师和朋友，他们来自快手投资部、凯雷投资、高榕资本、深圳前海母基金、招商证券、瑞信证券、Segantti 资本和广发基金（排名不分先后）。

本章作者：李昵（中信证券并购业务线高级副总裁、新加坡国立大学管理学博士）

李梦宸（中金甲子高级投资经理）

第八章

未来展望

在前几章中，我们已经对直播电商的发展历程和驱动因素、产业链中不同角色的状况、形式选择和互动逻辑、直播电商对社会的影响等进行了分析和探讨，并得出了一些有意思的结论。回顾过去是为了更好地面向未来，在这一章中，我们将从不同角度对直播电商未来的发展进行展望。

行业

直播电商将成为零售行业的基础设施，未来的竞争还是会逐步回归零售的本质

在物理世界中，我们无时无刻不在处理着人与人、人与信息、人与物（商品）之间的关系，而技术，尤其是媒介技术在这一过程中扮演了至关重要的"连接器"的角色。每当有新的、更

高效的媒介产生，就会重塑原有的三类关系（加强原有的连接或者产生新的连接），进而催生出新的社会结构和商业形态。随着这种新的媒介技术不断成熟、普及和成本下降，它就逐渐从少数人、少数场景的专用工具，变成多数人、多种场景的通用基础设施，甚至成为全行业的标配。

20年前的电商就经历了这样从专用到标配的过程，今天的直播电商也是类似的逻辑：由于它对于零售行业的推动作用效果非常显著，必定会有越来越多的企业参与进来；在行业发展的初期，谁能更好地掌握直播这一新工具，以及谁能更好地运用快手、抖音、淘宝直播这样的平台，谁就会在竞争中拔得头筹；而当行业日渐成熟后，行业内的专有知识也将会随着人员和信息的流动而日渐平均化，届时早期玩家们所积累的"知识优势"将日渐式微，竞争的核心又会回归到零售行业的本质，即7–11创始人铃木敏文所总结的：用商品和服务去满足消费者不断变化的需求。到下一次大的技术、媒介变革到来时，又会重复上述逻辑，进而不断循环往复。社会的效率和福祉也在这样一次次的循环中不断提升。

基于以上分析，我们认为直播电商将逐渐成为零售行业（甚至更多行业）的基础设施，而长期来看，行业玩家们的竞争也会逐步回归到好的商品和服务本身。

短视频平台搜索增加，确定性电商需求加速渗透

当前短视频平台正在成为新的搜索热地。2021年2月抖音发布的搜索数据显示，其视频搜索月活用户已超5.5亿，甚至已

经超过微信在 2021 年年初微信公开课上所公布的"搜一搜月活
5 亿"。北京字节跳动 CEO 张楠表示："过去几年，整个社会的
表达、创作都在视频化。作为信息获取最直接的途径，搜索也在
视频化。接下来一年抖音将加大对搜索的投入力度。"视频正成
为人们及时了解并获得更多信息与知识的新选择。

相比于传统的货架式电商，直播电商更多的是满足了用户购
物的不确定性需求，即用户不知道自己需要买什么，其通过观看
短视频或者直播完成种草和转化，更多的是在"逛中买"。而对
于淘宝、京东等传统货架电商，用户购买的目的性更强，主要以
搜索方式完成转化。有目的的搜索行为是确定性需求的关键体现。
随着直播电商的普及与发展，用户已逐步养成在非电商平台购买
商品的心智。我们预测未来短视频平台将充分受益于视频搜索的
提升，将从主要满足用户不确定需求逐步向提升确定性需求渗透
转变。

供应链

各平台店铺自播比例预计将持续提升

从成本和供应链效率优化两个方面来看，我们认为未来店铺
自播将成为主流的电商直播模式。店铺自播是指由店铺和品牌主
导的直播，以店铺账号作为载体进行开播，核心是销售店铺或品
牌的商品。店铺自播模式与达人直播模式不同，达人直播多数是

基于招商模式，会对接多品牌或多供应商。

一方面，商家和品牌方布局店播有助于提升供给侧的毛利。在当前的供应链体系中，拥有流量的达人具有较高的议价权，并分走利润的大头。例如，某一商品的毛利为 40%，当前主流的相关方利益分配比例大致如下：平台 5%，达人 20%~30%，商家毛利仅剩 5%~15%。

另一方面，商家和品牌方自播可以提升供应链效率。商家与达人间的供应链协作拥有较长的协作链条，包括商家推品、达人选品、商家寄样、达人确认、口播素材沟通、试播、直播销售、订单返回商家、商家发货，中间存在大量的反复沟通与确认环节，自主性较差，效率有极大优化空间。除此之外，直播电商的供应链管理面临多方面的挑战，比如库存管理。直播电商具有强爆发的属性，头部达人的一场直播产生的销量可能会超出商家的最大供给。若无有效的信息沟通机制，容易给消费者侧造成不好的购物体验。

淘榜单发布的《2020 年天猫 618 淘宝直播创新报告》显示，商家自播的数量正在逐年攀升，2020 年 618 期间淘宝直播平台商家直播间数量同比增长 160%，活动期内商家自播 GMV 占淘宝直播整体 GMV 的 70%，如图 8-1 所示。淘宝直播中的店铺自播主要包括品牌店（如华为、小米、格力、戴森、完美日记、兰蔻、安踏、三只松鼠、芝华仕沙发等）和集合店（天猫超市、苏宁官旗、苏宁易购超级买手、天猫国际、聚划算百亿补贴），具体类目，如表 8-1 所示。

天猫 618 商家直播间数量

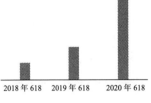

2018 年 618　2019 年 618　2020 年 618

天猫 618 商家自播 GMV 占比

达人　　　　　　　　　商家

图 8-1　天猫商家开播情况

图片来源：淘榜单，《2020 年天猫 618 淘宝直播创新报告》

表 8-1　2021 年 3 月近 30 天销量排行靠前的淘宝店播按类目举例

类目	店铺举例
食品	天猫超市、海狸先生、王小卤、阿婆家的、拉面说、芝洛洛、wonderlab、泓一、尚巧厨、知味观
生鲜	林家铺子、甘福园、三只松鼠、老爸评测、大希地、五芳斋、福瑞达、鲨鱼菲特、雄丰、探味君
保健	天猫国际进口超市、好护士器械、阿里健康、速刻轻保健、多燕瘦、姿美堂、九扎堂
美妆	天猫国际妙颜社、自然堂、薇诺娜、欧莱雅、美宝莲、珀莱雅、科颜氏、阿玛尼、高姿、MAC
百货	屈臣氏、爱丽思、新华文轩网络书店、舍里旗舰店、朴西、靓洁家居、容山堂、博库图书、太力家居、万家福家居日用
洗护	宝洁、联合利华、心相印、够实惠、高露洁棕榄、立白、七度空间、无染、植护、德佑
电器	usmile、苏宁易购、天猫国际进口超市、网易严选、海尔、小熊、苏泊尔天居、苏泊尔尚讯、金灶、小米
手机数码	三际数码、攀升、锐舞、菁创数码、romoss、baseus 倍思、天猫精灵、英菲克、荣耀
女装女鞋	TeenieWeenie、奢姿、爱朴、太平鸟、伊芙丽、雪中飞、骆驼服饰
男装男鞋	回力、天天特卖工厂店、港仔文艺男、唐狮、乱步、vesibo、太平鸟
运动	幸运叶子、李宁、intersport、特步、准者运动、NIKE、skechers、PUMA、Adidas、FILA

类目	店铺举例
母婴	安奈儿、宝宝馋了、淘宝特价版直营店、多妙屋、babycare、unifree、davebella、GAP、好孩子、marcanie
家装	欧普照明、卓禾家具、赛杉家具、家逸、雷士照明、万火、kufire、艾芮特

2020 年 6 月中旬，抖音开启品牌号"百大增涨计划"：在快消、奢侈品、美妆日化、汽车、旅游、3C（计算机类、通信类和消费类电子产品）家电、本地、影视公益等行业中招募 100 家优质头部品牌率先入驻，为品牌提供亿级流量扶持、专属营销策略、场景定制方案、专项运营扶持等多维服务，如图 8-2 所示。

图 8-2　抖音"百大增涨计划"

对照淘宝平台的头部直播店，绝大部分在快手生态中已经有了官方账号，其中部分店铺已经开始持续开播，如表 8-2 所示。

表 8-2 有官方蓝 V 认证且常规开播的快手店铺账号 Top10

序号	店铺	品类	开播时间	粉丝量 / 万
1	完美日记	美妆	每天 17:00	629.3
2	老爸评测	母婴	每周四 20:00	353.3
3	小米官方	数码	每天 17:00	246.8
4	雨森卫品	家居	/	95.1
5	三只松鼠	食品	/	83.2
6	唯品会	服饰	/	72.1
7	李宁体育	运动	/	61.3
8	康尼菲官方工厂号	家居	/	52.4
9	嗨吃家官方	食品	每天 14:00 至 23:00	50.5
10	韩都衣舍	服饰	每周一、三、五、七 19:00	31.4

直播电商催生的供应链创新不断涌现

如前面章节提到的，直播电商业态给供应链带来了新的机遇和挑战。随着商家店播增多、商家与主播的联系变得紧密乃至互相依附，我们预期生态中的供应链创新会不断涌现。目前已经出现的案例给我们提供了一些未来供应链形态的线索。例如数家供应商合作构建联盟式的组织，而不再纯粹依赖平台或者中间商角色。例如以直播间（商家或者主播的）为中心触点，通过构建柔性供应链来提高需求匹配效率。也许有一天，商品生产依赖的是位于"云端"的 3D 打印设备，它们能够基于直播间的用户反馈和下单情况调用足够的生产能力，保证用户快速得到自己想要的商品。

主播

平台内部马太效应：主播群体演化

各大直播电商平台均在尝试去马太效应，扶植中腰部主播，鼓励商家自播。这会减少平台对头部主播的依赖，增加主播群体的多样性。一个更多样的主播群体可以满足更多消费者的需求，使得平台生态更加稳定，对于主播和消费者都更加有吸引力。但从用户的角度，相比于垂类或者中腰部主播，头部主播能够带来更好的直播体验、更优惠的价格、更多样的品类、更加便捷高效的购物决策过程、更加有力的售后服务。

我们预期在未来，头部主播的统治地位会有所下降，垂类主播[①]影响力会增加，但是用户需求会继续催生头部主播。此外，在反垄断等监管措施更加完善的情况下，平台对于主播和用户的影响能力可能会有所下降。

正规军入场，主播逐渐依附各类机构，收益回到合理水平

随着更多的品牌、商家、MCN 机构、内容创作者等进入直播电商行业，要想做好直播卖货，不能再依赖个体的单打独斗，而要依靠专业化和团队化的竞争。在这种背景下，我们预测主播依附机构的趋势会变得突出。

---

① 指专注于某个产品品类的主播。

具有内容创作能力的个体在切入直播电商赛道时，选择依附机构能够帮助他们更快地集合各类能力，完成变现方式的转型和粉丝量的进一步提升。具有直播能力的个体则可能依附于商家，成为商家店播的自有主播，真正让直播成为一份工作。头部主播也可能选择与大品牌强强联合、深度绑定，在流量和转化上实现互相促进。

在上述背景下，主播不再能够单独享受大比例佣金，而需要与团队共享这些收益，甚至所依附的机构会拥有收益的分配权并获得大部分的收益，主播的收益逐步回到一个更加合理的水平。

主播的自身定位越发明确、差异化

同样是在竞争加剧的背景下，我们预期主播打造自身差异化特点的意识会变得更强，因为更明确的定位能够帮助主播占领用户心智，积累粉丝。因此，我们推断主播的个人标签会变得越发明确，主播之间的差异化更加突出。

我们推断有几类主播会共存：一类是依附于品牌的店铺主播，以品牌标签和少量的个人标签作为核心的定位；一类是垂类主播，以在特定品类的专业性赢取用户信任，帮助用户决策，发挥类似于会员制电商的作用；一类是人设型主播，以基于生活方式和价值观等建立的人际信任作为基础，发挥类似于社交电商导购的作用。

服务商

　　服务商是直播电商生态中的关键角色之一。服务商，是指在电商领域具备一定软件或硬件能力，为品牌商提供线上店铺全部或部分的运营服务的第三方服务群体。直播电商生态中服务商的诞生和发展，是行业发展到一定规模后分工细化的必然产物。

　　目前，在直播电商行业中，服务商主要包括供应链服务商、数字运营型 SaaS 软件服务商、仓储物流服务商、直播行业基地等，如图 8-3 所示，为直播行业的从业者提供直播带货运营、数据分析复盘、电商辅助工具等各类服务。

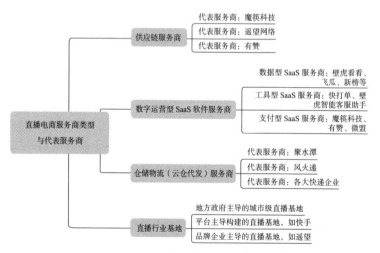

图 8-3　直播电商服务商类型及代表服务商

直播电商服务商迈向专业化

随着直播电商行业快速发展，品牌方转向直播电商，新商家入局直播等，对服务商的需求越发强烈。直播电商生态独特的双向供给驱动方式，既要有商品的供给，也要有主播的供给。这种双驱动模式决定了行业需要更多的服务商，来帮助商家和主播向消费者提供更好的服务。

随着生态的不断完善，我们预期直播电商服务商将会变得越发专业。只有提供专业化、精细化服务，服务商才能够快速抢占市场。快手在 2021 年电商服务商大会中，首次提出了服务商能力"五力模型"概念，即流量营销能力、主播孵化能力、服务履约能力、供应链能力和直播运营能力，如图 8-4 所示。

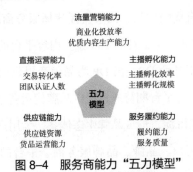

图 8-4 服务商能力"五力模型"

"五力模型"之下，是更专业的主播服务、更优质的履约和体验、更好的流量经营以及更极致的选品能力、更强大的供应链资源。显然，在行业不断升级和规范的大背景之下，服务商将面临更加严格的准入标准以及平台入驻流程和审查考核标准。在激烈的竞争中，服务商需要不断提升自身经营能力的专业化，如果原来是"游击队"，那么现在就得成为"正规军"。这将是一个大浪淘沙的过程，在此基础上，具备雄厚实力的服务商将有机会成长为行业的头部企业。

代播服务商将迎来较大发展机遇

基于前一点趋势的判断，我们认为市场会进一步分工，专门服务于商家和品牌方的代播服务商会进一步受益。代播服务商与达人直播的核心区别在于账号归属，代播服务商运营的账号归属于商家和品牌方。此外，商家和品牌方可自主选择开播商品，且在活动策划、流程安排等方面具有一定的影响力。

电商平台的代播服务商发展较早。以淘宝直播为例，随着淘宝直播中店铺直播的增长，淘宝直播代播服务商从 2019 年 6 月的 0 家增长到 2020 年 2 月的 200 家。内容平台的代表抖音则在积极培育品牌服务商 DP，由 DP 为品牌商提供内容运营以及商品销售服务。抖音平台期待通过提供品牌代运营服务，帮助品牌在抖音电商成长沉淀，形成品牌生态体系，为用户提供更多优质的商品，实现用户、品牌、品牌服务商、平台的共同健康成长。2020 年 9 月抖音启动品牌服务商招募；截至 2020 年 12 月，抖音已经进行了 4 期品牌服务商招募。品牌服务商为品牌方提供从入驻到长期经营并使其良性健康成长的服务，可分为内容代运营服务和商品销售及服务两类。

本地化服务商/服务商本地化兴起

在众多类型的机构中，本地化服务商既能够自己搭建专业团队，构建内容创作、流量投放、供应链服务、主播孵化、直播运营等能力，为主播或者商家提供深度、高效的服务；也能够通过资源链接的方式，构建具有综合服务能力的基地。相比于线上服务和单纯的货品服务，这类供应商更具有优势。因此，我们预期围绕商家或者主播的本地化服务商会越来越普遍。

其他类型的机构为了与本地化服务商进行竞争，可能也会主动或被动地建设自己的区域化运营中心。事实上，这种本地化的趋势已经在发生，并且有了一些成功的案例。

资本与产业

在直播电商领域，并购与投资呈现多元化的态势，并将保持多元化的趋势。无论是在内容上开源引流还是在产品端追本溯源，无论是像字节跳动那样聚焦当下还是像快手科技一样追逐未来，产业协同应是永恒的主题。这是整个商业组织的核心逻辑，也是直播电商区别于传统零售行业的根本所在。

新形态

伴随着 5G 网络环境的优化和沉浸式技术的日趋成熟，各种新型内容呈现手段将会被运用到直播电商当中，并催生 VR 直播电商、云游戏电商等新形式。直播电商的根本目的是触发购买行为。消费者购买行为的全过程分为 6 个阶段：知晓、了解、喜欢、偏好、确信、购买。无论运用什么样的方法或技术手段，需要达成的目标都很明确，就是在每一个阶段中找到引导消费者向下一个阶段发展的密码。这包括潜在用户触达、产品效用展示、产品好感建立、产品优势印象化、偏好强化和消费冲动激发。能够满足消费者在各阶段和各层次上的需求是决定技术应用与发展方向的关键因素。比如，从文本发展到图片，电商购物浏览率提高了94%，销售额增长了 35%，购买意向增长了 57%。[①] 这是对产品展示进行优化的结果，也是对消费者的视觉信息获取习惯和需求的顺应和满足。由图片发展到视频后，流量转化率的提升也在各平台上得到验证。我们有理由相信，顺应产品展示效果优化要求的 3D 式、拟真化呈现方式将是接下来最佳的表现形式。然而在这一发展过程中，必须时刻把握的一个重要问题就是对直播电商内容观看者参与度的控制，即对受众行动积极性的时刻调动。

---

① 淘宝 VR Buy+ 购物体验研究数据。

致谢

感谢宋敬宁女士在此书出版过程中给予的大力支持。

感谢直播电商数据服务平台壁虎看看创始人胡文书先生在此书创作过程中给予的大力支持。

本书得到中国人民大学校级科学研究基金项目"直播电商探究：底层逻辑，社交网络变现及其区域经济影响"（2021030042）支持。

本书内容仅反映作者团队观点。

参考文献

第一章

1. SOLOW R M. Technical change and the aggregate production function. Review of Economics and Statistics, 1957, 39 (3): 312–320.

第三章

1. MASLOW A H. A theory of human motivation. Psychological Review, 1943, 50(4): 370-396.

2. RATEY J J. A user's guide to the brain:perception, attention, and the four theaters of the brain. New York: Pantheon Books, 2001.

3. RATEY J J. A user's guide to the brain:perception, attention, and the four theaters of the brain. New York: Pantheon Books, 2001:295-296.

4. RATEY J J. A user's guide to the brain:perception, attention, and the four theaters of the brain. New York: Pantheon Books, 2001:296.

5. KOTLER P. Marketing management. The Millennium Edition. Upper Saddle River: Prentice-Hall, Inc., 2000.

6. MEYROWITZ J. No sense of place: the impact of electronic media on social behavior. New York: Oxford University Press, 1985.

第四章

1. FISKE A P. The four elementary forms of sociality: Framework for a unified theory of social relations. Psychological Review, 1992, 99(4): 689-723.

2. WANG C L, SARKAR A, SARKAR J G. Building the holy brand: Towards a theoretical model of brand religiosity. International Journal of Consumer Studies, 2018, 42(6): 736-743.

3. WANG C L, SARKAR J G, SARKAR A. Hallowed be thy brand: Measuring perceived brand sacredness. European Journal of Marketing, 2019, 53(4): 733-757.

4. HILLS M. Fan cultures. London:Routledge, 2002.

第六章

1. FROMM E. The sane society. New York: Rinehart & Company, Inc, 1955.

2. WATERS R. Lockdown has brought the digital future forward—but will we slip back? Financial Times, 2020. https://www.ft.com/content. flbf5ba5-1029-4252-9150-b4440478a2e7.

3. 郑永年，黄彦杰．制内市场：中国国家主导型政治经济学．邱道隆，译．杭州：浙江人民出版社，2021.

第七章

1. COASE R. The nature of the firm//WILLIAMSON O, WINTER S G. The Nature of the Firm: Origins, Evolution, and Development. Oxford: Oxford University Press,1993:18-33.

2. DAHLMAN J C. The problem of externality. Journal of Law and Economics, 1979, 22(1):141-162.

3. BURT R S, HOGARTH R M, MICHAUD C. The social capital of French and American managers. Organization Science, 2000, 11(2): 123-147.

4. GRANOVETTER M. The strength of weak ties . American Journal of Sociology, 1973, 78:1360-1380.

5. SHIPILOV A V, STAN X L. Can you have your cake and eat it too? Structural Holes' influence on status accumulation and market performance in collaborative networks. Administrative Science Quarterly, 2008, 53(1): 73-108.